请注意安全

孩子必看的
92条安全常识

付
国———

著

天津出版传媒集团

天津科学技术出版社

图书在版编目（CIP）数据

请注意安全：孩子必看的92条安全常识/付国著
. -- 天津：天津科学技术出版社，2022.12
ISBN 978-7-5742-0588-8

Ⅰ．①请… Ⅱ．①付… Ⅲ．①儿童教育—安全教育
Ⅳ．① G611

中国版本图书馆 CIP 数据核字（2022）第 210273 号

请注意安全：孩子必看的 92 条安全常识
QINGZHUYI ANQUAN ： HAIZI BIKAN DE 92 TIAO ANQUAN CHANGSHI

责任编辑： 张　冲
出　　　版：天津出版传媒集团
　　　　　　天津科学技术出版社
地　　　址：天津市西康路 35 号
邮　　　编：300051
电　　　话：（022）23332372（编辑部） 23332392（发行科）
网　　　址：www.tjkjcbs.com.cn
发　　　行：新华书店经销
印　　　刷：运河（唐山）印务有限公司

开本 880×1230　1/32　印张 10.5　字数 219 000
2022 年 12 月第 1 版第 1 次印刷
定价：52.00 元

目 录

PART1
居家安全

PART2
出行安全

第三章　外面的世界很精彩，也很危险

PART3
校园安全

PART4
社交安全

第一章　保护我们的身体

第一章　健康的食物，安全的吃法

PART1

居家安全

我们都认为在家里很安全，但实际上，家庭环境中也潜伏着很多安全隐患。这听起来似乎有些危言耸听。事实上，很多小朋友往往缺乏基本的安全意识和安全知识，从而让最安全的家庭环境变得不那么安全。

第一章

小小好奇心，闯出大祸端

我把玩具塞进鼻孔里拿不出来了，这可怎么办呀？

萱萱在家经常玩角色扮演游戏，有时候扮妖怪，有时候扮精灵。这天，她又扮了一个妖怪。但是，今天扮演的妖怪应该长着大鼻孔，而她的鼻孔太小了，不像妖怪，怎么办呢？

于是，萱萱拿了两颗塑料圆珠，往自己的鼻孔里塞，想把鼻孔塞得像妖怪一样大。可是，还没等她把两个鼻孔都塞住，呼吸就有点儿困难了。萱萱有点害怕，想马上取出塑料圆珠，可是却怎么都弄不出来，而且圆珠越弄越深。这可把萱萱吓坏了，连忙告诉妈妈。妈妈赶紧带萱萱去了医院。

??? 三思而后行

鼻孔、耳孔是我们身体上的"孔"，这些"孔"跟身体的内部紧密相连，当你想把纸团、硬币、玻璃球、樱桃核、乐高等不属于身体的东西硬塞进这些"孔"中时，一定要思考一下：

1. 这些东西能塞进身体吗？它们会给身体带来哪些伤害？
2. 干净卫生的东西就可以塞进"孔"里吗？

3. 如果塞进去取不出来，怎么办?

 这样做，不安全!

1. 认为玩过很多次了，不会有事。

很多小朋友觉得，之前玩了很多次这种游戏，都很安全，所以这次也不会失手。但是，危险随时可能发生，不能抱有侥幸心理。

2. 认为小心点就好。

有的小朋友可能会说，出现危险都是因为不小心，只要自己小心一点儿，就不会有危险。

但是，很多事故并不会因为自己小心就不会发生，危险不可控，再小心也不如避免去做危险的事。

3. 认为异物能进去，就能出来。

这是很多人的心理，但恰恰是这种心理，造成了很多安全隐患。现实是，很多东西能塞进去，却很难弄出来。这也是为什么有些人会嘴巴里塞着灯泡进了医院。

 这样做，才正确!

1. 危险的事，绝对不能做。

把东西塞进鼻子、耳朵、嘴巴里，可能会堵塞气管、气道，造成疼痛、咳嗽、呕吐、吞咽困难等症状，严重时甚至危及生命。所以，千万不要为了玩耍或者耍酷而尝试这么做，以免让自己身处危险之中，导致不可挽回的后果。

2. 异物塞孔后的正确处理。

如果不小心将花生、黄豆、小零件等异物塞进鼻孔或耳朵，千万不要轻易用棉棒等工具乱捅，以免把异物推到更深的地方。儿童应该及时向家长或老师求助，在大人的帮助下取出异物，或直接去医院，请医生用专业的工具处理。

若耳朵里塞进了异物，且物体清晰可见，那么可以尝试利用重力作用把异物取出来。将头部歪向塞有异物的耳朵一侧，晃动头部或者轻轻拍打耳朵，使异物自行掉落。如果这样做没什么效果，就应该及时去医院，请医生用专业的方法和工具来处理。

若异物卡在鼻腔里，可尝试用鼻子往外吹气，将异物吹出鼻腔；如果物体是可见的并且可以轻易用镊子夹住，可以借助镊子取出。如果以上方法失败，或出现持续疼痛、出血等症状，需要及时就医。

3. 及时制止小伙伴的危险行为。

如果身边的伙伴安全意识薄弱，想要把异物塞进身体某些部位，那你一定要在第一时间制止他们。

 **安全小提示**

在新闻中，经常会看到有儿童的鼻子或耳朵被异物塞住，最后需要做手术才能取出来。小朋友们一定要重视这类安全问题。玩花生、黄豆、乐高零件等颗粒物的时候一定小心，不能往身体里乱塞，如果塞住了拿不出来，应该及时去医院求助医生。

家庭安全指数自测

1. 家里的黄豆、花生、米粒、硬币等，能塞进身体的"孔"里的东西是否已经妥善放好？你最好让爸爸妈妈将这些东西装在密封罐中，拧紧盖子，放在你够不到的地方。

2. 你平时是否有往鼻子、耳朵、嘴巴里塞异物的习惯？

电风扇不转了，我可以拆开修理吗？

 情景小剧场

哥哥和妹妹正在看电视，电视里放的是妹妹最喜欢的《小猪佩奇》。天气炎热，妈妈给兄妹俩打开了电风扇，调整好角度，就去厨房做饭了。

看了几集之后，哥哥有些不耐烦，他更想看《熊出没》，于是拿起遥控器换台。妹妹不乐意了，叫嚷着要换回来。两个人谁也不让谁，开始争抢遥控器，结果一不小心，两人撞倒了电风扇，遥控器也摔了出去。

于是，风扇停了，遥控器捡起来的时候也不能用了。

哥哥怕被骂，于是找来工具箱，学着爸爸的样子，动手"修理"起了遥控器和电风扇，结果遥控器被拆得七零八落，不能复原。更加危险的是，哥哥没有断电就胡乱"修理"电风扇，差点被电到。

 三思而后行

家里的电器突然不能用了，这个时候请思考：

1. 为什么会这样？是电器内部故障，还是其他原因？

2. 我能自己尝试修理电器吗？

 这样做，不安全！

1. 不断电就用手接触家电。

不能用手去摸正在高速旋转的风扇扇叶。不仅如此，哪怕是出了故障不转的风扇，也不要在不断电的情况下用手去摸，万一风扇突然启动，会割伤手指。

2. 擅自修理插线板。

当家电无法正常运行的时候，小朋友有时候会觉得是插线板坏了，可能会找工具去拆装、修理插线板。这是很危险的行为，很容易引起触电。

 这样做，才正确！

1. 远离正在运转的家电。

当电视、洗衣机等电器正在运转时，小朋友要远离这些家电，不要在家电周围打打闹闹，因为奔跑打闹有可能会碰到家电，发生事故。

高速运转的风扇扇叶比刀子还要锋利，留长头发的孩子，更要远离正在旋转的电风扇，否则，头发在风的吹动下容易被吸进风扇里，引发危险。

2. 不擅自修理出故障的家电。

家电发生故障时，小朋友不要擅自去修理，要第一时间告知父母，让父母或者专业的维修人员来修理。

安全小提示

在家的时候，小朋友尽量不要独自使用微波炉、洗衣机等不易操作的电器，如果要使用，请寻求家里大人的帮助。

家里电器出现故障后，家长要及时修理，尽量不使用有安全隐患的电器。

家庭安全指数自测

1. 家电是否都摆放在安全的位置？

2. 请你在大人的帮助下检查家电是否正常运转？

3. 请爸爸妈妈教你吧！基础家电的使用方法你掌握了吗？

我想自己削苹果，
为什么爸爸妈妈不同意？

情景小剧场

"妈妈，饭做好了吗？我好饿！"跳跳刚放学回家，就扯着嗓子喊饿。

妈妈从厨房出来笑着说道："你先洗手，饭马上好！桌子上有苹果，让爸爸给你削皮，你先吃点。"

"好！"跳跳高兴地应了一声，放下书包，蹦蹦跳跳地跑到卫生间去洗手。

洗好了手，跳跳看了看正在专心工作的爸爸，犹豫了一下，然后自己拿起水果刀，削起苹果来。

"啊！"跳跳一不小心，把手指划伤了。

三思而后行

看到刀具，要控制住自己的好奇心，认真想一想：

1. 这是用来做什么的刀具？是我可以碰的东西吗？

2. 刀具会给我带来什么伤害？

3. 如果不得不使用刀具，我应该怎样去拿？

4.刀具用完以后，应该放在哪里？

 这样做，不安全！

1.把刀具当成玩具。

刀具是家庭中常见的用具，但是刀具很锋利，拿在手里，一不留神就会伤到自己，非常危险。因此，小朋友不能随便触碰刀具，更不能把刀具当成玩具。

2.模仿大人使用刀具。

模仿大人是小朋友的天性。小朋友经常看到大人使用刀具，也会忍不住想要模仿。但是，小朋友并没有熟练使用刀具的能力，所以，不要随意模仿大人使用刀具，以免误伤自己。

 这样做，才正确！

1.一定要记住家长和老师的话，刀具不是玩具！尽量不要触碰任何刀具。

2.如果你到了一定的年纪，能够使用刀具了，那么一定要记住，在使用刀具的时候，手要握住刀把，不能握刀刃、刀尖，否则非常容易伤到自己或他人。

3.用完刀具以后，小朋友一定要把刀具收起来放好。

4.如果你一不小心割伤了手，一定要第一时间告诉爸爸妈妈，并用清水将伤口清洗干净，使用碘伏等药品处理伤口，伤势严重的话，要及时就医。

安全小提示

我们家里都有各种各样的刀具，比如水果刀、菜刀、剪刀等。这些刀具用途不一，但是有一个共同点，它们都很锋利，是低年级的小学生千万不能接触的危险物品。记住，要离它们远远的！

家庭安全指数自测

1. 家里的刀具是否放在你够不到的位置？
2. 你知道如何正确使用刀具吗？

厨房里为什么会有奇怪的气味？

　　周末是青青一家团聚的时刻，爷爷奶奶、姥姥姥爷会聚到一起，吃个团圆饭。每到这个时候，妈妈都会做一大桌子菜。

　　青青和爷爷奶奶、姥姥姥爷玩了许久，有些饿了，于是决定去厨房找点吃的。进了厨房，青青用力闻了闻，除了饭菜的香味，她还闻到一股臭臭的味道。

　　这时，妈妈十分慌张地跑了进来，赶紧关了燃气阀门，并把厨房的窗户打开。

　　请你思考一下：

　　1. 燃气泄漏时有什么样的气味？

　　2. 燃气泄露会有什么危险？

　　3. 除了燃气，还有哪些东西是易燃易爆品？

这样做，不安全！

1. 把打火机当玩具。

打火机并不是玩具，里面充满了可燃性气体丁烷。丁烷很容易爆炸，会危害我们的人身安全。

2. 乱玩化妆品。

有些化妆品，如指甲油、香水等，含有易燃物酒精，在不断摩擦或者高温的情况下，有爆炸的可能。另外，一些铝制按压包装的化妆品，也有爆炸的危险。

 这样做，才正确！

1. 当心燃气。

燃气泄漏容易导致煤气中毒，如果遇到明火，还会发生火灾、爆炸等事故。因此，小朋友不要自己使用燃气。爸爸妈妈应经常检查燃气灶连接处是否有松动、漏气现象，发现燃气灶胶管老化应立即更换。

2. 正确处理燃气灶（罐）着火。

如果是燃气灶着火，可先关闭气阀，用灭火器、灭火毯或湿毛巾灭火；如果是燃气罐着火，要立即关闭燃气罐阀门，并用冷水冷却罐体，用抹布、被褥等浸水后盖在燃气罐上，使火焰熄灭。如果是角阀损坏，不能切断气源，要不断淋水降温，防止发生爆炸。切不可将着火的煤气罐放倒在地上。如果自己不能灭火，要大声呼叫，并立刻拨打 119，请求消防人员帮助。

3.家中常备灭火器。

家庭中应该常备灭火器。家中成员要牢记干粉灭火器的使用方法：一提，手提灭火器的提把，保持水平垂直，再把灭火器瓶体上下颠倒摇晃几次，让灭火器内的干粉松动；二拔，拔掉灭火器保险销，即将灭火器提把上的环状金属物拔掉；三瞄，在距离火焰 3 ～5m 处，将灭火器的喷管瞄准火源，一手握住喷管的最前端，另一只手提起灭火器提把；四压，食指压住灭火器的开关，喷出干粉灭火。

安全小提示

小朋友对生活中常见的易燃易爆品的危险性缺少认知。在爸爸妈妈的帮助下，小朋友要了解易燃易爆品和基本安全知识，提高安全意识。

家庭安全指数自测

1. 家里的燃气阀门是否松动？厨房通风是否良好？

2. 消防设施是否齐全？

窗户上的防护栏到底是在防谁呀?

情景小剧场

　　叮当在客厅玩耍，忽然听到外面吵吵嚷嚷。他跑到阳台，无奈个子太小看不到楼下的具体情景。在好奇心驱使下，他搬来了小凳子，踩在凳子上把头探出窗外往楼下看。

　　叮当的妈妈从卧室出来，看到叮当几乎大半个身体都探出窗外，吓得赶紧跑过去把他抱了下来。要知道，他们可是住在 16 楼啊! 万一掉下去，后果不堪设想。

??? 三思而后行

　　请你思考一下：

　　1. 阳台、窗户处的防护栏有什么作用?

　　2. 想在阳台上看看楼下的景色，需要注意些什么呢?

　　3. 除了家里的防护栏，还有哪些地方有防护栏?

 **这样做，不安全！**

1. 把阳台当花园，没事就疯跑。

阳台不是花园，并不是散步、玩耍的地方。小朋友在阳台奔跑玩耍是危险的。

2. 把自己当超人，越高越刺激。

超人只存在于动画中，现实生活中并不存在，不要把自己当超人。攀爬防护栏、把脑袋或四肢伸进防护栏的空隙都是很危险的！从高处坠落会受伤，甚至会危及生命。

 **这样做，才正确！**

1. 护栏外面再吸引人，也不能把身体探出去。

小朋友想要享受美好的景色，或者看热闹、和其他小朋友玩耍，就让大人带自己下楼，到公园去玩耍。

2. 防护栏不是障碍，而是用来保护我们的设施。

有些小朋友会觉得防护栏是阻挡自己的障碍物，恨不得把它们拆下来扔掉。请一定要记住，防护栏的作用是保护我们的安全。

 **安全小提示**

父母尽量不要留孩子一个人在家。如果家长迫不得已，需要将孩子短时间独自留在家里，一定要锁好门窗，并告诉孩子，无论发生什么事，都不要攀爬或者钻进防护栏。

家庭安全指数自测

1. 家里的防护栏够不够高，是否牢固？

2. 你日常活动时是否经常靠近阳台？

只是一个小玩具，从楼上扔下去没事吧？

 **情景小剧场**

妈妈去超市买菜，让丁丁和小伙伴一起在楼下玩耍。半个小时以后，妈妈买菜回来了。

"丁丁，回家了！"妈妈喊道。

"好嘞，来了！"丁丁边答应边往妈妈这边跑。

就在两个人快走到单元门口的时候，忽然有个东西"砰"的一声砸到了他们面前。落下来的是一枚鸡蛋。此时，这枚鸡蛋已经被摔得"粉身碎骨"。

真是惊险，差一点就砸到丁丁了。

"是谁在楼上乱丢东西？不知道这很危险吗！"妈妈被吓了一跳，拉过丁丁对着楼上大喊，但是没有人回应。

??? 三思而后行

当我们因为好奇或者生气，想要往楼下扔东西的时候，要认真想一下：

高空抛物有什么危险？

这样做，不安全！

1. 认为只是一个小物件而已，扔下去没有关系。

有数据表明，一枚 30g 的鸡蛋从 4 楼扔下来，就可以把人的头砸出肿包；从 8 楼扔下来，就可以让人头皮破损；从 18 楼扔下来，人的头骨就会被砸破；从 25 楼扔下来，被砸到的人会当场死亡。可见，哪怕是一枚小小的鸡蛋，一旦从高空落下，就会变成破坏力巨大的"武器"。

2. 楼下没有人，扔个东西没关系。

尽管扔东西时楼下没有人，但是物体从高空落下需要一定时间，期间万一有人出现，就可能对其造成巨大伤害。

 这样做，才正确！

1. 无论东西大小，只在房间里玩耍。

有些小朋友总喜欢把玩具扔来扔去，但是一定要记住，只能在房间里玩耍，控制好力气，不要让家里的东西"跑"到外面。

2. 无论多生气，都不要往楼下扔东西来发泄情绪。

你因为某件事而气愤的时候，不要通过高空抛物来发泄自己的情绪，记住：楼下过往的人和动物是无辜的，要控制好自己的情绪，以免给他人带来危险。

 安全小提示

2019 年，最高人民法院印发了《关于依法妥善审理高空抛

物、坠物案件的意见》，其中明确指出，故意高空抛物危害公共安全或造成严重后果的，将按照我国刑法的相应规定定罪量刑。

家庭安全指数自测

1. 你平时有没有从高处往下扔东西的习惯？

2. 家庭成员的相处是否和谐，是否有因为乱发脾气而做出失控举动的情况？

3. 阳台、窗台处有没有放置容易掉落的物品？

第二章

看不见的危险，
才是最危险的

家里也会有危险地带吗?

妈妈在厨房做饭,丁丁和表哥在家里玩耍,两个人玩高兴了,到处跑来跑去。

他们一会儿跑去浴室玩儿水枪,一会儿跑到阳台逗猫,一会儿又去玩捉迷藏⋯⋯

"我在忙着做饭,你们两个不要乱跑,在安全区玩耍。"妈妈担心地对丁丁说。

"什么是安全区?"丁丁疑惑地问妈妈。

"就是你们可以安全玩耍的区域,比如客厅的沙发周围。"

"知道了,妈妈!"丁丁乖乖地和表哥回到客厅。

??? 三思而后行

每个人在家里都会有一块自己喜欢的区域,书桌旁、沙发周围、干净的地板上⋯⋯在这块区域,你可以独自看书、休息、玩玩具,既安全又不会被打扰,那么,思考一下:

1. 你有自己的安全区域吗?

2. 家里的哪些地方可以作为你的安全区域？

3. 你的安全区域有多大？

 这样做，不安全！

1. 喜欢在厨房玩。

厨房里的锅碗瓢盆都不是好惹的，更有容易伤人的刀具。小朋友不要在厨房玩耍。

2. 钻进洗衣机。

洗衣机看起来像一座安全、隐蔽的小房子，但是却暗藏危险，可能会出现漏水、漏电、致人窒息等危险情况，危及我们的人身安全。

3. 藏在衣柜里。

有些调皮的小朋友，喜欢跟爸爸妈妈搞恶作剧，故意藏到衣柜里，让家人找不到。这样做是很危险的。小朋友藏在衣柜里时间久了万一睡着，可能会因缺氧导致窒息。

 这样做，才正确！

1. 养成安全区域意识。

我们让自己处于危险中，往往是因为没有安全区域意识。为了自己的安全，小朋友要时刻提醒自己在安全区域内活动，让自己远离危险。

2. 在自己的安全区域玩耍、游戏。

我们可以要求爸爸妈妈在客厅的一角给自己留出足够的空

间，或者在家里找一块自己觉得舒服的区域，把自己的玩具、书本都放在那里，作为自己平时学习、游戏的安全区域。

 **安全小提示**

即便是在家里，也有不安全的区域，例如窗台、阳台、衣柜旁、厨房、浴室等。我们很容易在这些地方受伤。所以，要时刻注意自我保护，在安全的地方玩耍。

家庭安全指数自测

1. 你喜欢家里的哪个区域？

2. 你应该在家里哪些地方为自己布置一个安全区域？

手机这么好玩，
为什么我不能多玩一会呢？

 情景小剧场

　　暑假的时候，丁丁去表弟小欧家住了几天。小欧总是抱着手机玩游戏。丁丁看着眼馋，也央求妈妈让自己玩手机，因为有亲戚在，妈妈没有拒绝丁丁，就让他玩了一会儿。

　　妈妈晚上上厕所发现丁丁房间里有光，打开门才发现房间里开着小夜灯，而且还一闪一闪的，心想："怎么还用小夜灯？这对身体多不好！"

　　第二天，妈妈把丁丁和小欧叫到面前，详细说明了长时间看手机、用小夜灯的坏处，还给他们严格规定了使用电子产品的时间，并收起了小夜灯。

??? 三思而后行

　　1. 我们的环境是越亮越好，还是越暗越好？

　　2. 有些小朋友喜欢玩亮晶晶的玩具和彩灯，到底是好是坏？

　　3. 写作业用的台灯调到什么亮度更适合我们的眼睛？

这样做，不安全！

1. 开着小夜灯睡觉。

睡觉的时候一直使用小夜灯，不仅会使小朋友睡不踏实，还会影响视力发育。所以，卧室里尽量不要放小夜灯。

2. 玩闪闪发亮的玩具。

追逐色彩斑斓的世界，是孩子的天性。因此，很多家长会给孩子买一些闪闪发亮的玩具，或者在房间里安装一些小彩灯，让屋子看起来非常漂亮。这种闪亮的玩具和彩灯，会直接刺激视网膜，长时间盯着看，会对孩子的视网膜、角膜造成损伤，影响视力发育。

3. 写作业时灯光过亮或过暗。

小朋友的眼睛还处在发育阶段，写作业时光线不能过暗也不能过亮，过暗会造成视疲劳，过亮会导致电磁辐射过强，日积月累易使眼睛的晶状体内形成晶核，导致视力下降，甚至引发更严重的眼部疾病。

这样做，才正确！

1. 拍照关闭闪光灯。

拍照的时候总是使用闪光灯，会对小朋友的眼睛造成损害。因此，拍照的时候，一定要要求爸爸妈妈关闭闪光灯，保护我们的眼睛。

2. 把室内灯光调整到合适亮度。

不要在强光或昏暗的灯光下用眼。写作业时，灯光亮度要适中，以看得清楚又不刺眼为准，灯光柔和、光亮即可。

3. 少玩手机、电脑。

随着电子时代的到来，家里的手机、电脑成了我们常用的电子产品，很多小朋友甚至会沉迷于电子产品，这对视力伤害很大，因此，我们要严格控制玩电子产品的时间。专家建议单次玩电子产品的时间不要超过半个小时，一天累计不要超过两个小时。

4. 保持正确的学习姿势。

看书学习的时候，要坐在书桌前，眼睛和书本之间保持30~50cm 的距离，用眼半小时后，要看看远处，让眼睛放松休息。不要躺着看书，也不要在运行的汽车上看书。

安全小提示

眼睛近视与环境有关，正如大气污染、水污染、噪声污染危害健康一样，光污染正严重伤害我们的眼睛。光污染无处不在，例如高楼建筑物上的反光墙体、五颜六色的 LED 灯、夜晚的远光灯、手机屏幕……这些光源不仅损害儿童的视力，还影响儿童生长发育。数据显示，我国小学生中有 22.7% 患有近视，初中近视率猛增到 55.8%。而且，光污染还可能间接造成儿童心理上的伤害。孩子视力下降后，可能会产生自卑、抑郁心理或者焦虑情绪。

家庭安全指数自测

1. 你每天花多长时间看电视、玩手机？

2. 你有没有在强光下看书、写字的习惯？

3. 你有没有关灯之后还玩手机的习惯？

一边洗澡一边玩耍，会有危险吗？

 情景小剧场

　　小宝每天晚上睡觉前都会洗澡，不过他总喜欢边洗边玩。

　　这天，小宝兴高采烈地在浴缸里一边洗澡一边玩喷水枪。玩着玩着，喷水枪掉到了地上，还粘上了一些头发。小宝从浴缸里站起身，捡起喷水枪顺手去拧热水器开关，打算把喷水枪冲洗干净。可是，他并不熟悉淋浴器的操作，一下子拧开了热水，热气腾腾的水扑面而来，小宝被热水烫得大喊："啊，烫死我了……"

 三思而后行

　　请想一想：

　　1. 浴室和其他场所有什么不同？

　　2. 除了水、电，浴室还潜藏着哪些危险？

 **这样做，不安全！**

1. 把浴室当成游乐场。

浴室的地面很湿滑，容易滑倒。因此，不要在湿滑的浴室里面玩耍、蹦跳，以免摔伤；也不要在装满水的浴缸里玩闭气游戏，以免发生危险。

2. 洗澡时间过长。

洗澡的时候，人的身体比较放松。但洗澡时间过长，会让人感觉疲惫、虚脱，容易发生危险。

 **这样做，才正确！**

1. 正确放洗澡水。

我们可以跟爸爸妈妈学习如何正确放洗澡水，如果是浴缸，放洗澡水的时候要先加凉水，再慢慢加热水，加水的过程中不断试温，直至水温适宜为止。如果是淋浴，要将水温调节到适宜的温度，再洗澡。

2. 做好热水器电源防护工作。

如果家里使用的是电热水器，洗澡的时候浴室潮湿，要做好热水器电源防护工作，以防漏电。另外，洗澡的时候手是湿的，千万不要碰触电源。

 **安全小提示**

洗澡虽然是一件日常小事，但是也要十分注意，一定要预

防摔倒、烫伤、晕倒等意外事件。如果不小心摔倒或者被热水烫伤了，一定要立刻呼喊爸爸妈妈，千万不要只顾着哭，因为哭是不能解决问题的。

家庭安全指数自测

1. 你会自己加洗澡水吗？

2. 如果洗澡时一不小心被烫伤，你会怎样处理呢？

手上有水时，为什么不能触摸电器？

 **情景小剧场**

这天，放学的铃声刚响，萱萱就飞奔回家，因为她一直在看的《斗罗大陆》更新了。

刚进家门，妈妈就催促萱萱去洗手。

"刚从外边回来，先去把手洗干净。"妈妈说。

萱萱不情愿地走进卫生间，趁妈妈没看见，她随意洗了两下，顾不上把手擦干，就急匆匆地跑去开电视。电视没插电源，她拿起插头就往插座上插。

萱萱只觉得手臂一麻，便"啊"的一声惨叫，跌坐在地上。

妈妈闻声出来，慌忙查看萱萱的情况，还好，只是轻微触电，没有大碍。

妈妈说："以后千万不要惹这'电老虎'了！"

??? 三思而后行

很明显，萱萱的触电和她没有擦干手有关系，那么思考一下：

1. 没有擦干的手，为什么会触电？

2. 电器的哪些部位容易导电？

3. 遇到触电危险，应该怎么做？

4. 如何安全用电？

 这样做，不安全！

1. 用湿手触碰电器。

人体本身是可以导电的。如果小朋友用湿手去触摸电器，尤其是开关或者插头，就很容易触电。因此，洗完手一定要擦干，即使手上有一点点汗，也要擦干了才能碰电器。

2. 用湿巾擦电器。

电器使用时间长了会有灰尘，如果使用湿布擦拭，水容易浸入电器造成漏电，发生触电事故。

 这样做，才正确！

1. 避免接触容易导电的部位。

小朋友在没有成人监护的情况下，不要乱摆弄电器设备。小朋友要了解一些常用电器的正确使用方法，避免接触容易导电的部位，尤其是电源插座。另外，在盥洗室、浴室、厨房等场所如果需要使用插线板，要把插线板放在远离水源的地方，并且尽量挂在墙壁上。

2. 远离触电的人。

如果小朋友发现有人触电，要赶紧告诉附近的大人，千万不要贸然施救，要不然很可能也被电到。

安全小提示

电视机、冰箱、微波炉、电吹风、洗衣机、电脑、电饭锅等，都是常见的家用电器，让我们完全不接触不太可能，但要切记：一般的家用电器应当在家长的指导下学习使用；如果小朋友单独使用家用电器，应先熟悉电器的正确使用方法，以减少使用电器的安全隐患；使用任何电器时都要保证双手干燥。

家庭安全指数自测

1. 你学会正确使用电器了吗？
2. 你有没有养成安全用电的习惯？

家里的宠物会伤害主人吗?

 情景小剧场

　　柯北很喜欢小动物，便央求妈妈领养了一只小泰迪犬。柯北可高兴了，在家除了吃饭、睡觉、写作业，其余时间都用来和小泰迪玩耍。

　　有一次，柯北拿火腿肠逗小泰迪。此时有些着急的小狗一下子咬到了柯北的手，柯北"啊"地叫了一声，低头一看发现手上被咬了一个很小的伤口。

　　柯北把被小泰迪咬伤的事情告诉了妈妈。妈妈一听，赶紧带他去医院打了狂犬疫苗。

??? 三思而后行

　　家里养了宠物，别只顾着和宠物玩，也要思考一下：

　　1. 宠物可能会导致哪些危险情况发生?

　　2. 如何避免和宠物相关的意外发生?

　　3. 被宠物抓伤、咬伤以后应该怎么做?

这样做，不安全！

1. 认为家里的宠物不会携带病毒。

一般情况下，定期检查、定期打疫苗的宠物，是不会携带病毒的。但是，这也不是百分之百的安全。尤其是刚到家里不久的宠物，一定要加倍小心，避免被其咬伤或抓伤。

2. 认为只有咬伤才需要打疫苗。

除了咬，宠物还会用爪子抓我们，被抓伤也存在感染病毒的可能性，无论伤口大小，都要及时去医院就医。

3. 对宠物动粗。

有时小朋友与宠物的相处方式不当，例如蹂躏、虐待宠物，会导致宠物反抗式抓咬，反过来给小朋友带来伤害。

这样做，才正确！

1. 一旦小朋友被宠物抓咬，先告诉爸爸妈妈。

一旦小朋友被宠物抓咬，不管什么情况，首先要做的是告诉爸爸妈妈，不能因为怕挨骂而隐瞒。

2. 小朋友尽量离别人家的宠物远一点。

在户外时，如果小朋友遇到别人家的宠物，尤其是没有拴绳的宠物，最好离远一点。

3. 科学养育宠物。

用科学的方法养育宠物，比如注重宠物卫生，定期带宠物去宠物医院做体检，定期为宠物打疫苗，逗宠物的时候小心、轻柔，不要让宠物在外面乱吃东西，外出遛狗时使用牵引绳，等等。

安全小提示

被携带狂犬病毒的宠物咬伤、抓伤，就有感染狂犬病毒的可能。我们无法判断宠物是否感染病毒，所以，被猫、狗等宠物抓伤或咬伤后，无论伤口大小，都应在 24 小时内，去医院就诊，由医生判断是否需要注射狂犬疫苗。

家庭安全指数自测

1. 家里的宠物有没有打疫苗？是否健康卫生？
2. 在户外遇到小动物，能贸然和它们玩耍吗？

刚装修好的漂亮房子，
为什么我不能马上住进去呢?

 **情景小剧场**

萱萱家买了新房子，房子很大，家具也是全新的，而且，爸爸妈妈给萱萱布置了一个属于她自己的房间。萱萱经常跟朋友们炫耀自己的房间，每天都盼望着赶紧搬进去。但新房已经装修完半年了，爸爸妈妈还迟迟不搬家，萱萱跟妈妈说："妈妈，我们赶快搬进新房子吧，我已经迫不及待了。"

妈妈解释说："我们现在还不能搬家，新房刚装修完，里面的甲醛不容易挥发。隐形的甲醛对身体有害，再耐心等一段时间吧。"

??? 三思而后行

你想早点搬进新房子里时，一定要思考一下:

1. 甲醛是什么? 有什么味道?

2. 甲醛有哪些危害?

3. 什么办法能消除甲醛?

这样做，不安全！

1.刚刚装修的家，着急住进去。

刚装修的房子，室内的甲醛浓度可能会超标。甲醛是无色有刺激性气味的气体，可以通过呼吸进入人体，对人的支气管和肺部造成严重伤害，尤其是对抵抗力较差的小朋友，伤害更大。

2.新买的鞋子、玩具有刺激性气味。

除了刚刚装修的房子，一些新买的衣服、鞋子、玩具，如果闻着有刺激性气味，也可能是甲醛含量超标。

 这样做，才正确！

1.检测甲醛含量。

搬进新房子前，一定要请专业人员来测评房子里的甲醛含量，保证我们生活在健康安全的环境中。一旦发现甲醛超标，应该立刻治理。

2.用工业风扇经常给房子通风透气。

开窗通风可以清除一些空气中游离的甲醛，而窗户一般都有一定高度，所以，漂浮在低处的甲醛，还是会在室内残留。用工业风扇或者电风扇，对着窗口的方向吹，能有效清除甲醛。

3.利用甲醛喷剂、养绿植等辅助方法清除甲醛。

甲醛喷剂可以清理空气中的甲醛。这种方式见效比较快但持续性差。另外，还可以在家中多养一些绿色植物，如绿萝、龟背竹等，它们能够吸收甲醛，改善我们的居住环境。

安全小提示

　　儿童的免疫系统发育不成熟，抵抗力较差。空气中、物体上残留的甲醛，即便浓度很低，也能危害儿童的健康。如果儿童闻到家中有刺鼻的气味，或者出现了不明原因的发烧、咳嗽、皮肤瘙痒等症状，一定要告诉爸爸妈妈，及时去医院做检查。

家庭安全指数自测

　　1. 你了解甲醛是什么了吗？看一看身边哪些物品可能含有甲醛吧！
　　2. 除了以上讲到的方法，还有哪些方法可以降低家里甲醛的浓度？

第三章

发生意外，不要慌

家里突然停电了，我该怎么办?

某天傍晚，丁丁放学后独自在家里写作业，正当他为一道题目苦恼的时候，突然，家里停电了，房间陷入一片黑暗之中。

"可恶啊! 作业还没有写完呢!" 丁丁嘟囔着。

屋子里光线昏暗，没办法继续写作业了。丁丁拿起手机给妈妈打电话，告诉妈妈停电以后，又拿着手机打了一会儿游戏，然后又拿着 iPad 看了一会儿动画片和漫画。

天越来越黑，手机和 iPad 的电量也快耗尽了，丁丁心里渐渐担忧和恐惧起来，担心整夜停电导致第二天无法交作业。但更令丁丁坐立不安的是此刻没有电，就没有光、没有网络，电脑和冰箱都无法运转，好像回到了原始社会。

这还不是最要紧的，最要紧的是，在黑暗中，丁丁不敢随便走动，一举一动都必须很小心，不然很容易摔倒或撞到东西。

还好妈妈及时回来了，查看一番以后，发现是家里电费用完了，于是拿着电卡去物业交了费，丁丁家终于又恢复了光明。

 三思而后行

面对突然停电，我们的大脑急速运转，开始思考：

1. 为什么停电？

2. 停电范围有多大？

3. 什么时候恢复供电？

4. 我该默默等待还是做点什么？

 这样做，不安全！

1. 没有及时关闭家电。

如果微波炉、空调、吹风机等对电压敏感的电器正在工作时突然断电，当恢复供电时，电器开关还处于开启状态，冲击电流可能会瞬间导致电器短路，致使电器内部元件损坏，还可能引发火灾。

2. 在黑暗中冒冒失失地走动。

由于没有光亮，平时家里熟悉的家具都变成了障碍物，一不小心就会磕碰到，让自己受伤。

 这样做，才正确！

1. 确定停电原因。

小朋友要先试着打开其他房间的照明开关，如果一切正常，那就是刚才所处房间的灯泡或线路出现问题，通知家长进行维修即可。

如果其他房间也都没有电，可以观察对面楼有没有灯光，或者询问邻居（出门记得带上钥匙、锁好门）。如果邻居家都没有停电，那么可能是自己家里的电闸跳断、保险丝熔断或电量用尽。

倘若是电闸跳断，将电闸推回原位就可以恢复供电（请爸爸妈妈处理，切勿自行操作）。如果将电闸复位后依然没有供电，则可能是电表内部的保险丝熔断，这种情况不要自行处理，通知家长联系电工维修。

如果领居家里也停电了，那可能是所在小区或街道整体停电，这时不要慌张，等待工作人员通知，或者可以拨打国家电网客服电话95598了解情况。

2. 采取应急照明措施。

如果晚上停电，可以使用手机的手电筒功能，或找出手电筒、应急照明灯来进行照明。不过它们存储的电量有限，要尽可能节约用电，只在必要时使用。

3. 及时切断处于使用状态的电器电源。

关闭电源开关或拔掉插头都可以。

安全小提示

1. 如果你经常使用电脑来完成作业，那么最好养成边做作业边保存的好习惯，以免突然断电导致文件来不及存档，辛辛苦苦写完的作业全部丢失。

2. 应急照明灯应该放在容易拿取的地方，每个月至少为其充电一次，以备不时之需。

家庭安全指数自测

1. 家中是否准备了应急灯？应急灯是否电量充足？

2. 电卡中剩余电费是否充足？

一个认识的叔叔在敲门，
我应该给他开门吗？

 情景小剧场

有一天，豆豆到丁丁家玩。丁丁的爸爸妈妈都不在家。这个时候，突然有人敲门。丁丁听到后，什么都没有问就要去开门。豆豆连忙拦住丁丁，对丁丁说："先别开，我们还不知道是谁呢！"丁丁想了想，觉得有道理。

然后，丁丁对着门外试探性地问了一句："请问你是谁，有什么事呀？"

"小朋友，我是送快递的，开一下门吧。"

听到对方说是送快递的，丁丁就要开门，豆豆又拦住了他，对着外面说："麻烦你把快递先放门口，我叫爸爸出来拿。"奇怪的是，外面的人听到这话，瞬间没有了声音。

??? 三思而后行

听到有人敲门的时候，一定不要急着去开门，要思考一下：

1. 外面的人是我认识的人，还是陌生人？

2. 是陌生人的话，我要怎么做？能让陌生人进来吗？

第三章 发生意外，不要慌 **47**

3. 是认识的人的话，我要怎么做？能让他进来吗？

 这样做，不安全！

1. 听见有人敲门就把门打开。

很多小朋友觉得，外面有人敲门，如果不第一时间去开门，会显得不友好、不礼貌。但是，为了我们的安全，听到敲门声，一定要先了解对方是谁。如果小朋友发现对方是陌生人，千万不能轻信。

2. 一个人在家，给认识但是不熟悉的人开门。

熟人犯罪也是经常发生的，因此，即便是认识的人敲门，也要十分警惕。小朋友一个人在家时，就算门外的人能叫出我们的名字，也不能随便把门打开。

3. 告诉对方大人不在家。

当有人敲门的时候，很多小朋友会觉得是找爸爸妈妈的。这个时候小朋友可能会说："爸爸妈妈不在家，你改天再来吧。"这样等于明确告诉对方，家里大人不在家，只有小朋友一个人，如果敲门的是坏人，这会让我们处于更危险的境地。

 这样做，才正确！

1. 不要理会敲门声。

一个人在家的时候，如果有人敲门，可以当作没听到，不去理会。

2. 假装大人在家，或打电话告诉爸妈。

陌生人敲门时，小朋友可以装作和爸爸妈妈说话，让对方以为大人在家；或者假装给爸爸妈妈打电话，这样也可以把坏人吓跑。

3.坚决不开门，但不要起冲突。

如果门外的陌生人说自己是快递员，或者是煤气、水、电等修理工，坚决不要给他开门，但是也不要起冲突。小朋友可以隔着门告诉他们，"快递放在门口我一会儿拿""现在不方便，一会儿再来"等等。

4.管住自己的好奇心。

有些小朋友在拒绝开门后，如果听到门外没声音了，会管不住自己的好奇心，打开门看看外面的情况，但这样的话，还是等同于打开了门，给坏人可趁之机。所以，要管住自己的好奇心，家人回来之前都不要开门。

5.万一有坏人闯入，大喊"救命""着火了"！

万一不小心让坏人闯入了室内，一定要趁着门还没有关的时候，立即跑到门外，迅速用全身力气大声地向邻居求助，可以大喊"着火了"，这样邻居会更快地出来。

安全小提示

独自在家一定要注意安全！当陌生人来敲门时，你无法判断对方是不是坏人，可以选择不开门，不管对方说什么都千万不能信！

1. 家里的门锁是否牢固？

2. 是否牢记了爸爸妈妈的电话？万一有坏人，有第一时间能联系到的人吗？

3. 发现门外有坏人，该怎么办？

小偷闯进家里，我要和他搏斗吗？

情景小剧场

周三下午，爸爸妈妈去上班了，雯雯因为感冒没有去上学，一个人在家里睡觉。忽然，她被一阵奇怪的"沙沙"声惊醒了。雯雯仔细听，那声音好像是从客厅传来的。她蹑手蹑脚走到卧室门口，把耳朵贴在门上，"沙沙"声还在不断地传来。雯雯吓出了一身冷汗，心里冒出一个猜想：是不是有小偷进来了？

雯雯忐忑不安地把门打开一条缝，透过门缝往外看去："不好，真的有小偷！"

雯雯有点不知所措："怎么办呢？爸爸妈妈都去上班了，晚上才回来。万一小偷进入卧室怎么办？我会不会被小偷抓起来？"雯雯越想越害怕，赶紧给妈妈打电话。

??? 三思而后行

小偷不请自来，我们不能只顾着害怕，要思考一下：

1. 现在怎样做能保证自身安全？
2. 怎样做才能尽量减少家里的财产损失？

3. 以后怎样避免小偷再闯入？

 这样做，不安全！

1. 冲出去抓小偷。

你独自在家时，家里来了小偷，一定不要贸然冲出去。如果你突然冲出去，那可能会惊吓到对方。他很可能采取一些过激的行为，给你带来伤害。

2. 胡乱大喊大叫，引起小偷的注意。

小朋友在受到惊吓的时候，可能会不由自主地发出叫喊，但无意义的喊叫，只会引起小偷的注意，给自己带来危险，起不到任何正面的作用。

 这样做，才正确！

1. 第一时间保护好自己。

发现有人入室偷东西，我们要第一时间保护好自己，可以趁小偷没有发现我们之前，立刻将自己反锁在房间里。

2. 打电话报警或通知其他人。

当发现小偷入室的时候，小朋友要及时拨打报警电话 110，或者打电话通知爸爸妈妈、邻居等，然后隐藏好自己，等待帮助。

3. 寻求邻居的帮助。

如果你没有办法打电话，还可以在不引起小偷注意的前提下，寻求邻居的帮助。比如，在保证自身安全的前提下，你可以把显眼的物件（颜色鲜艳的床单）悬挂在窗外，引起别人的注意，寻求帮助。或者你可以用小物体敲打楼下、对面邻居的窗户，引起他们的注意，寻求帮助。

安全小提示

如果察觉到家里有小偷，我们首先要保持镇定，先隐藏起来，保护好自己，然后在不被小偷发现的前提下，寻求外界的帮助。

家庭安全指数自测

1. 家里有没有安装防盗门和防盗窗？

2. 一旦发现小偷入室盗窃，你是否懂得如何保护自己？

家里着火了，我应该躲起来还是跑出去?

 情景小剧场

多多家住在六楼，平时出门都坐电梯。这天，不知什么原因，多多家所在的楼层发生了火灾。很快，整个楼道都弥漫着浓烟，还伴随着难闻的味道。爸爸妈妈一看形势不妙，赶紧带着多多往外跑。

出了家门，多多习惯性地去按电梯，却被爸爸拦下来。爸爸说："我们从楼梯逃生，那里才是安全通道。"庆幸的是，楼梯间的烟扩散得并不严重。最后，他们捂着湿毛巾从楼梯跑下了楼，安全地逃离了火灾现场。

??? 三思而后行

突发火灾时，请冷静思考一下：

1.是哪里着火，火势大不大?

2.遇到火灾，是逃生，还是等待救援?

3.应该怎样逃生? 等待救援时，可以采取哪些措施?

 **这样做，不安全！**

1.发生火灾的时候坐电梯。

一定要记住，发生火灾的时候，乘坐电梯逃生是最危险、最愚蠢的选择！因为发生火灾时，电梯随时都会断电。而且，火灾会导致电梯内温度上升，电梯会变成"烤箱"。另外，在电梯里还可能被浓烟呛到，甚至窒息或触电。

2.不管外面什么情况，就想盲目冲离开家。

很多人在发生火灾的时候，都想第一时间跑出家门。但是，如果楼道烟雾较大，情况不明，最好不要盲目逃生。有时候返回屋内，关紧房门，等待救援，比在浓烟大火里乱跑更稳妥。

 这样做，才正确！

1.家中着火，躲避明火逃生。

如果自己家里发生火灾，千万不要惊慌失措、盲目乱跑，要听从爸爸妈妈的指挥，躲避明火，从门窗逃生，不坐电梯。

2.同楼起火，躲避烟雾逃生。

发生火灾的时候，浓烟和火焰一样危险。楼道、房间里没有火，并不代表火灾不严重。很多火灾中丧生的人是被浓烟呛到窒息而死的。因此，在发生火灾的时候，小朋友要用湿毛巾捂好口鼻，保持呼吸顺畅。

安全小提示

　　学好火灾逃生知识非常重要。按照科学的方法逃生，可以提高生存概率。发生火灾时，你可以根据火灾发生的楼层，大致判断逃生方法。如果自己家在火灾楼层以上，并且火势不大，一定要用湿毯子裹住全身，或用湿衣服包住头部等部位向下逃生。如果火势稍大，可以选择用湿毛巾堵住门缝，防止外面的浓烟进到屋里，同时拨打 119，等待救援。如果烟雾太浓，已封锁向下逃生的通道，可以视情况选择向楼顶逃生。如果火灾发生在本楼层或者高楼层，应就近跑向安全出口，弯腰前进，逃离火场。如果有条件，还可以及时关上楼道防火门。

家庭安全指数自测

　　1. 你平时会注意消防安全，避免火灾发生吗？

　　2. 你有没有跟爸爸妈妈一起演练，在火灾现场应该如何逃生呢？

发生地震时，哪里才是最安全的地方?

情景小剧场

　　家住四川的雅琴，是汶川地震以后出生的孩子。因为 2008 年汶川的大地震，雅琴所在的学校一直以来都十分重视讲授地震逃生知识。即便是在家里，雅琴的爸妈也经常教雅琴如何应对地震。有句俗话说："小震不用跑，大震跑不了。"

　　雅琴却认为："小震不要跑，中震看着跑，大震要躲好。"

三思而后行

　　关于地震，请你思考一下：

　　1.地震这种天灾，危害巨大，有没有办法预防呢?

　　2.有人说"大震跑不了，小震不用跑"。那么，地震来了是跑还是躲?

这样做，不安全!

　　1.地震一来就慌忙向户外跑。

　　地震发生后，很多人都会慌慌张张地向外跑。如果地震震级较大，碎玻璃、屋顶上的砖瓦、墙面等危险物都会掉下来，很容易砸到人。地震时到底跑不跑这个问题，要根据具体情况判断。原则上，震动剧烈时不要跑，要躲避，震动较小时或强烈震动过后再迅速跑出户外。如果有地震警报，可以根据震级大小和远近来判断是否要往户外跑。

2. 过度害怕，不敢动弹。

很多人在地震来临的时候会被吓到，导致过度害怕，一动都不敢动。尤其是小朋友，可能会被吓得手足无措，这也是十分危险的。这个时候，要努力让自己冷静下来，做好应对措施。

3. 躲在门窗、建筑外墙下。

地震的时候，门窗、建筑外墙下面并不是合适的躲避场所。相反，要远离它们，防止被震碎的玻璃或掉落的砖瓦等危险物砸伤。

4. 从楼上往下跳。

在楼房内逃生时，千万不要慌不择路选择跳楼。小朋友可以让家长准备好梯子、逃生绳索等工具，在强烈震动过后使用。

 这样做，才正确！

1. 寻找活命"三角区"。

当发生地震时，如果没有足够的时间跑到户外，或逃生通道被堵住，一定要找个安全的地方躲好。注意，要找重心较低且结实牢固的桌子，躲在下面。如果没有桌子，可以在柱子或承重墙旁边避险。

2. 躲避的时候蹲下或者趴下。

找到相对安全的地方躲避时，身体尽量要趴下或者蹲下。如果手边有被子、棉垫等较软的物品，可以拿过来保护自己的头部和颈部。

3. 将门打开，确保出口畅通。

地震的晃动，会造成房屋内的门窗错位。如果错位严重，门可能会打不开。所以，发生地震的时候，要尽快找机会将门打开，确保出口畅通。

4. 正确撤离。

地震逃生要先躲后撤。地震过后，如有条件撤离，要第一时间撤离，不要贪恋钱物，要沿着房屋承重墙的内侧撤离，要走楼梯而不要坐电梯。

5. 去开阔的地方躲避。

撤离时，要远离玻璃墙、电压器、广告牌等危险物，向四周开阔的地方逃生。

安全小提示

地震是天灾，虽无法预防，但是遇上地震，一定不要慌。在这里，要记住地震避险专家推荐的"躲避地震三原则"：伏地、遮挡、抓牢。伏地就是趴下，将重心放低；遮挡就是找可以挡住身体的地方，最好是结实的桌子底下；抓牢，就是抓住牢固的东西，不让自己失去平衡。

家庭安全指数自测

1. 发生地震前的征兆，你知道哪些？

2. 地震逃生常识，你学会了吗？

PART2

出行安全

相比在家，出行似乎显得更加不安全。无论是小区的地下停车场出口、家门口附近的交通路口，还是驱车前往的野外，都可能隐藏着各种各样的危险。因此，我们一定要提高安全意识，做好预防工作，保障自身安全。出门在外，安全第一！

第一章

安全的地方，也隐藏着危险

红灯停、绿灯行，
这是汽车才需要遵守的规则吗？

 **情景小剧场**

这天，妈妈工作繁忙，由奶奶送琳琳上学。不过，奶奶不熟悉道路，带着琳琳走了很久，眼看就要迟到了。奶奶一时着急，没顾上看交通信号灯，就拉着琳琳往马路对面的学校跑。

可偏偏这个时候是红灯，一辆轿车冲出来，差点撞到琳琳和奶奶。奶奶被吓得一动不敢动，琳琳也被吓哭了。

??? 三思而后行

当你要过马路的时候，要想一想：
此时过马路是否安全？

 **这样做，不安全！**

1.跨越隔离护栏。

道路上的隔离护栏可以保障我们的安全，要谨记：跨越隔离护栏是十分危险的。

2. 马路上玩耍打闹。

马路上车来人往，川流不息，追逐打闹不仅影响别人，自己也很容易受伤。我们要记住，安全出行，不在马路上追逐打闹，做遵守交通规则的孩子！

这样做，才正确！

1. 牢记交通规则：红灯停，绿灯行。

我们在过马路时，一定要看好交通信号灯。要记住：红灯停，绿灯行，黄灯亮了等一等。只有信号灯变为绿灯时，才可以过马路。

2. 过马路，左右看。

过马路的时候，要先左右看看，确认是绿灯，且没有车辆"横冲直撞"时，再过马路。

3. 走人行横道。

人行横道，就是我们常说的"斑马线"。在过马路时，小朋友一定要走斑马线！

4. 靠右走，不逆行。

在我们国家，行人和车辆都是靠右行的。我们在走路时当然也要靠右侧行走，如果逆行，很容易发生交通事故。

安全小提示

"交通事故猛于虎"，对于我们每个人来说，遵守交通规则很重要。尤其是小朋友，更应该在过马路的时候小心，从小树立交通安全意识，更好地保护自己的生命安全。

📢 **出行安全指数自测**

1. 你认识红绿灯、斑马线等交通标识吗？

2. 过马路的时候，如果别人不遵守交通规则，你会跟着违反规则，还是坚持遵守交通规则？

副驾驶可以看风景，
为什么爸爸不让我坐呢？

▶ 情景小剧场

周末，猫猫跟爸爸妈妈去姥姥家玩。出发的时候，猫猫突然想坐副驾驶，她觉得，坐在前排视野好。没想到，爸爸妈妈却一致反对。

"小孩子不能坐副驾驶，不安全。"

"为什么？不是有安全带吗，系上安全带不就安全了吗？"猫猫问。

爸爸说："那是大人的安全带，不适合小孩。"

"那就把安全座椅搬到前面去，这样就安全了。"猫猫还是不死心。

"不可以，副驾驶不能放安全座椅。"妈妈很坚决地说。

??? 三思而后行

坐车的时候，要思考一下：

1. 为什么小朋友必须坐安全座椅？

2. 小朋友为什么不能坐副驾驶？

 **这样做，不安全！**

1.认为副驾驶有安全带就能确保安全。

副驾驶的安全带是按照成年人的身体设计的，对小朋友起不到完全有效的保护作用。如果发生事故，安全带会紧紧勒住我们的脖子，对我们造成伤害。

2.认为副驾驶有安全气囊更安全。

有些小朋友可能会想，前排还有安全气囊，不是更安全吗？事故发生时，气囊会以惊人的速度弹出，冲击力很大。我们的骨骼未发育完全，根本承受不了这么大力量的撞击。

3.在前排座椅上安装儿童座椅。

很多小朋友像猫猫一样，想让爸妈把儿童座椅装在副驾驶。但是，儿童座椅都是放在汽车后座的，副驾驶并没有相关的接口，所以，副驾驶不能安装儿童座椅。

 这样做，才正确！

1.坐后座或安全座椅。

小朋友要养成正确的坐车习惯。大部分汽车在《使用说明书》上会标明，12岁以下的儿童不得坐在任何类型汽车的副驾驶位置。体重在36kg以下、身高在1.4m以下的儿童要使用安全座椅。

2.从机动车右侧上下车。

《中华人民共和国道路交通安全法实施条例》规定：乘坐机动车不得在机动车道上从左侧下车，否则属于交通违法行为。

我们坐在车内时，存在很多视觉盲区。如果车辆后方有机动车、电动车等行驶过来，在开门的瞬间非常容易发生碰撞，带来危险。

安全小提示

小朋友单独坐在汽车后排时，家长要使用儿童锁关闭车窗和车门，这样做对调皮好动的孩子来说更加保险。在后排不要放尖锐锋利的物品，以免发生意外事故。在乘车外出时，家长不要抱着孩子坐在后排，同时要嘱咐孩子不要将头和手探出车窗。

出行安全指数自测

乘车出行时的注意事项，你还了解哪些？

停车场里真有意思，那里也会有危险吗？

情景小剧场

萱萱非常喜欢和爸爸一起去停车场，辨认各种汽车标识。每次爸爸去停车场取车，萱萱都站在旁边安全区，等爸爸把车挪出来。这天，在爸爸上车之后，萱萱一时兴起，跑去看邻居家的车标，蹲在邻居家的车前边看边摸。

爸爸把车起动后，突然发现萱萱不见了，赶紧下车去找，看到萱萱正蹲在距离爸爸的车前不远的地方。爸爸吓了一跳，如果把车再往前开一点，萱萱可能就被撞到了，真是好险。

三思而后行

你和爸爸妈妈去停车场的时候，一定要思考一下：
在停车场，有什么隐藏的危险？

这样做，不安全！

1. 在停车场嬉戏打闹。

在停车场玩耍，小朋友很难注意到周围车辆的动静。对于司机来说，停车场环境昏暗，有效视野非常窄，而且小朋友个子都比较矮小，很难被发现。

2. 认为车里的人可以看见自己。

我们在停车场可以看见行驶过来的汽车，但这不等于车里的司机也能看得见我们。司机开车时都会有视觉盲区，看不到车外所有的情况。

3. 站或蹲在汽车的旁边。

不管是等待上车，还是下车之后，我们都应该远离起动中的汽车。

这样做，才正确！

1. 牢记停车场不是玩耍的地方。

把车库进出口、停车场视为禁止玩耍和奔跑的地方，提高安全意识。

2. 跟紧大人，小朋友在车行驶前上车。

小朋友去停车场时，要跟紧大人。在车子开动前，家长应该先让孩子上车，不要把车开出停车位再让孩子上车。如果需要等车子开出来再上车，小朋友不要在车头或者车尾的位置等待，因为这两个位置是司机的视野盲区，司机很可能看不到我们。

3. 不单独待在停车场。

停车场看上去安静，但并不安全，不要在停车场玩耍。

安全小提示

　　在儿童发生的车祸中，有一大部分是发生在停车场的。当司机挪车的时候，小朋友不要到处乱跑。家长也不要只顾着玩手机而忽略孩子，要时刻注意安全，不要掉以轻心。

出行安全指数自测

　　在大人去取车的时候，除了停车场，你还能在哪里等待？

停车场出口

动物园里的动物好可爱，
我可以摸摸它们吗？

 情景小剧场

　　萱萱是动物迷，一到周末就闹着去动物园。虽然她已经去过很多次，但是还是想去。爸爸妈妈拗不过萱萱，这个星期天又带她来看最喜欢的老虎、狮子。到了老虎和狮子的园区，萱萱兴奋极了，对着老虎和狮子大喊大叫，甚至还想翻过栏杆，和体型庞大的动物们离得更近一点。爸爸看到萱萱的动作，赶紧把她拉到一边，很严厉地批评了她。

??? 三思而后行

　　动物园虽然好玩，但也要思考一下：

　　1. 动物园有哪些安全隐患？

　　2. 和动物们接触的时候，有哪些需要注意的事项？

 **这样做，不安全！**

　　1. 随意往动物身上扔东西。

有的小朋友为了逗动物，可能会向动物扔东西，以引起它们的注意，但这是很不文明的行为。如果小朋友向动物扔石头、碎玻璃片等杂物，很可能会伤到它们，而且动物受到刺激和伤害后可能会反过来攻击人。

2. 擅自投喂动物。

动物园有明文规定，禁止自行给动物投喂食物。如果小朋友胡乱投喂，动物很可能会吃坏肚子。除此之外，在投喂动物的时候，小朋友可能会被动物咬到，发生危险。

3. 和动物过度接近。

有些小朋友胆子比较大，会趁父母不注意把手伸进动物笼舍或者翻越护栏。切记，过度接触、挑逗动物，可能会被动物抓伤、咬伤。

4. 在野生动物园随便下车。

有些野生动物园饲养着像老虎、狮子这样非常凶猛的动物，游客必须乘车观看，有的游客不遵守规定，在看不见动物的地方下车，这样非常危险，因为凶猛的动物就在周围，随时可能飞扑过来。

 这样做，才正确！

1. 遵守公园和动物园的各项规定。

在动物园或者公园游玩的时候，一定要遵守规定，尤其要注意园内警示牌的提示。

2. 和动物保持距离。

观看狮子、老虎等猛兽时，要保持足够的距离，千万不要翻越护栏，以免发生意外。一旦被动物咬伤，应该及时就医。

安全小提示

与动物近距离接触是很危险的。俗话说，兔子急了会咬人。动物园里的动物更不能随意接触。而且，动物身上携带细菌，可能会将细菌传染给我们。

另外，如果在动物园里遇到其他危险情况，我们也不要惊慌，要听从工作人员的指挥。

出行安全指数自测

1. 动物园的安全标识，你都认识吗？
2. 在动物园被抓伤或咬伤，该怎么办？

健身器材不就是用来玩的吗，为什么不让我使用"新玩法"？

 情景小剧场

这天，豆豆指着立式荡板对丁丁说："这个看起来好像秋千啊，我们荡秋千吧！"

丁丁有点儿迟疑："不太好吧，这是大人的运动器材，不能用来荡秋千吧？"

豆豆满不在乎地说："你怎么胆子那么小呢？"说完，他就坐在其中的一个荡板上玩了起来，来来回回地把自己甩得很高。

突然，豆豆没抓住立杆，整个人摔在了地上。

??? 三思而后行

请思考一下：

1. 大人用的运动器械，我们能使用吗？

2. 这些器材的正确使用方法是什么？

这样做，不安全！

1. 认为大人能用，小朋友也能玩。

很多小朋友认为，自己可以跟大人一样，用小区里的露天器材来运动。但是，这些器材是根据大人的体型设计的，从高度和使用方式上来说都不适合我们。

2. 喜欢在小伙伴面前逞能。

有些小朋友为了显得自己比小伙伴厉害，可能会做一些高难度动作，这很不安全。

 这样做，才正确！

1. 让大人在旁边看护。

对于我们能使用的健身器材，最好也不要独自使用。有大人在旁边陪伴看护，可以降低发生意外的风险。大人用的健身器材，我们一定不要上去玩耍。

2. 不做高难度动作。

正确使用器材，不做危险动作。

3. 远离损坏的器材。

露天健身器材损坏率很高，一旦发现器材有损坏，就不要再使用了。

 **安全小提示**

近年来，因为在小区内的健身器材上玩耍，儿童摔骨折或

者被砸成重伤的事故比比皆是，这要引起我们的警惕。小区内露天的健身器材，绝大多数是给大人设计的，并没有考虑儿童的身体比例及力量大小，小朋友玩起来很危险。另外，这些器材大多是金属材质，又硬又重。在玩小区内的健身器材时，小朋友很容易磕到碰到，导致受伤。

我把自动扶梯当成跑步机玩，不可以吗？

 **情景小剧场**

一天，豆豆在看电视的时候，注意到这么一则新闻：一个小男孩，在商场独自乘坐自动扶梯时，把头探出梯身，结果，被夹在扶梯扶手和楼板的夹角处，当场死亡。这则新闻吓了豆豆一跳，回头问妈妈：是真的吗？

妈妈很严肃地告诉豆豆："这种危险是存在的！"随后，妈妈叮嘱豆豆，一个人乘坐扶梯时不能胡乱探头。

？？？ 三思而后行

请想一想：

1. 如何安全地乘坐扶梯呢？

2. 旋转门、自动门应该怎样通过？

这样做，不安全！

1. 自动门正在关闭的时候通过。

自动门虽然有感应系统，但是也有感应不灵敏的时候。如果小朋友在自动门正关闭的时候通过，可能被门夹到，发生危险。

2. 在自动扶梯上打闹。

扶梯下方是悬空的，并不安全。在运行中的扶梯上打闹，小朋友很容易摔倒、被带倒，进而坠落导致受伤。另外，小朋友也不可以把扶梯扶手带当滑梯，不要攀爬自动扶梯，以免摔伤。

3. 在扶梯上倒行。

有的小朋友出于好玩或冒险的心理，会在自动扶梯上倒行，在向上运行的扶梯上往下走、在向下运行的扶梯上往上走，这可能会使身体失去平衡，摔倒在扶梯上，进而被卷入扶梯轨道，导致受伤，甚至会有生命危险。

 这样做，才正确！

1. 有秩序地进入旋转门。

进入旋转门时，一定要保持秩序，不能拥挤。在旋转门快要过去的时候，可以等下一扇门。进入旋转门后，要保持和旋转门相同的方向、相近的速度行走，这样才不容易被门推倒。另外，要注意不可触摸旋转门的门边和门角，以防被夹伤。

2. 自动门打开的时候快速通过。

自动门打开的时候，要快速通过，但是也不要跑太快，要注意脚下安全哦。

3. 正确乘坐自动扶梯。

要看准扶梯的行走方向，不要"坐反了"。乘扶梯的时候，应该靠右站立，把左边空出来，留给有急事的人通行。身体不要倚靠扶梯侧壁，右手扶好扶手带。乘梯时，头、手等部位，不能超出扶手带，以防被挤伤、碰伤。

安全小提示

　　近年来旋转门、扶梯伤人事故不断，我们在享受便利的同时，也要格外注意安全！

出行安全指数自测

　　1. 你会正确乘坐自动扶梯吗？旋转门、自动门的正确通过要领，你掌握了吗？

　　2. 一旦发生事故，你是否懂得如何求救和自救？

和爸爸妈妈一起逛商场，也会遇到危险的事情吗？

 **情景小剧场**

萱萱最喜欢和妈妈一起逛商场了，商场里有儿童乐园、大超市，别提多好玩了。这天，萱萱兴高采烈地跟着妈妈逛商场，一会儿跑去儿童乐园玩滑梯，一会儿去超市挑选毛绒玩具，一会儿看看有什么好吃的零食，还对放在高处的奥特曼很感兴趣，踮着脚尖要去拿。

这时候，在一旁的售货员阿姨走过来，对萱萱说："小朋友，不能自己拿高处的东西，东西掉下来会砸到你的。"

??? 三思而后行

在商场时，不要只顾着吃喝玩乐，也要认真想一下：

1. 商场里有哪些安全隐患？

2. 我们应该怎样做，才能避免自己陷入险境？

这样做，不安全！

1. 在商场里奔跑打闹。

我们在商场里看到喜欢的零食和玩具，难免兴奋，但是也要记住，商场是公共场所，人员众多，奔跑打闹容易滑倒或撞到他人和物品。

2. 随便抓货架上放在高处的物品。

小朋友身高有限，而超市很多商品都放在高处，如果我们需要高处的商品，要求助大人，不能自己随便去抓，以免高处的东西不稳，掉落下来砸到我们。

3. 攀爬商场栏杆、扶梯。

攀爬商场栏杆、扶梯可能有跌落、坠落等危险。

 这样做，才正确！

1. 不单独逛商场。

商场的面积比较大，而且人也很多。我们不要独自逛商场：第一，我们并没有独立消费的能力；第二，这还可能引起不怀好意的陌生人的注意。

2. 紧跟大人不乱跑。

商场人流量较大，我们要紧紧跟着大人，不随便乱跑，以免和大人走散。选购商品时，我们可以出谋划策，但是应该让大人拿取，尤其是大件或高处的货品。

3. 上厕所也要注意安全。

我们在商场等公共场所上厕所，要让大人跟随，或者结伴同行，同进同出，不给坏人留下可乘之机。

安全小提示

　　商场作为公共场所，除了可能会发生磕碰外，还存在很多其他安全隐患，例如不怀好意的陌生人等，因此我们要格外注意安全。

出行安全指数自测

1. 你是否知道在商场玩有哪些注意事项？

2. 在商场遇到陌生人搭话，应该怎么办？

第二章

好玩的地方也是危险的地方

我已经会游泳了，
为什么还是不让我去深水区？

 **情景小剧场**

　　这天，天气很热，柯北、妹妹和妈妈一起去了游泳馆。下水后，妈妈给柯北和妹妹分别套上游泳圈，两个小朋友在水里玩得不亦乐乎。

　　柯北刚学会游泳不久，正游得起劲儿的时候，一不注意，游到了深水区，并且游泳圈滑脱，发生了溺水事故。幸亏妈妈发现及时，加上进行了紧急救援，才避免了一场悲剧的发生。

？？？ 三思而后行

　　游泳虽然是好玩、有趣的活动，但是在游泳前要想一想：

　　1. 游泳池的水有多深，有没有危险？

　　2. 在哪些场所游泳才是安全的？

　　3. 发生溺水事故时应该怎么自救？

这样做，不安全！

1. 私自结伴去河里游泳。

独自一人或者私自结伴去深水区域例如河边、人工湖、水库等场所玩耍、游泳，很容易发生溺水。

2. 独自在河边玩耍。

岸边湿滑，再加上无人看护，如果不小心滑入水中，是非常可怕的。

3. 在泳池排吸口附近徘徊。

在泳池的排吸口附近徘徊，身体可能会被排吸口吸住。所以，在泳池里游泳，小朋友一定要远离排吸口。

 这样做，才正确！

1. 远离溪边、河边等危险的地方。

放学后千万不要在溪边、河边等危险的地方逗留。

2. 去正规泳池的儿童区游泳。

如果小朋友想游泳，一定要去正规的游泳池，因为正规的泳池有儿童区。一般情况下，儿童游泳区水深为 60 ～ 100cm，具体游泳区水深根据儿童身高而定，以游泳时脚不会触及到池底为标准。

3. 在家长的看护下游泳。

在小朋友游泳的时候，家长不要远离，也不要一直低头玩手机，要时刻关注小朋友的情况，如果小朋友沉入水里没有立刻上浮，或者有手脚乱蹬、呼吸急促、痉挛等溺水表现，要及时上前解救。

一般深水区都在 1.8m 以上，小朋友在这个区域游泳是非常危险的！

你知道自己适合什么深度的水域吗？

溺水自救的步骤：
第一步，保持冷静，放松身体；
第二步，蜷缩身体；
第三步，打开四肢，让身体朝上；
第四步，双手伸向头部，下巴抬起；
第五步，双手放在脑后，保持上半身浮起。

为什么放风筝一定要在空旷地带呢？

 情景小剧场

春暖花开，正是放风筝的好时节。这天下午，萱萱和柯北一起去野外放风筝。两人的风筝一只是喜羊羊的形状，一只是米老鼠的形状，两只风筝越飞越高，都高过附近的高压线了。

这个时候，西西正好路过，看到萱萱和柯北在高压线下放风筝，赶紧上前去阻止，厉声说道："不能在高压电线下放风筝！"

萱萱和柯北有些不明白，觉得西西在多管闲事。柯北说："为什么不能？"

西西解释说："如果风筝碰到高压线，高压线上的电流会通过风筝线传到人体，人就会触电，会有生命危险的！"萱萱和柯北听了有些后怕，赶紧把风筝收了回来。

??? 三思而后行

放风筝的时候，要想一下：

1. 应该在什么地方放风筝？

2. 在高压线下放风筝，会有什么危险？

这样做，不安全！

1. 认为电线有绝缘层。

有的小朋友可能会问，电线外面不是都有绝缘层吗，怎么还会发生触电？事实上，35kV 以上的高压线外表是裸露的，并没有绝缘层。

2. 认为风筝线可以绝缘。

虽然风筝线大多是尼龙绳，但受潮以后也会导电。另外，有的风筝线并不完全绝缘，碰上高压线后，在高压电作用下，可能也会导电。

 这样做，才正确！

1. 在空旷、宽敞的地方放风筝。

放风筝首先要选择合适的区域，最好是空旷、宽敞，没有障碍物的地方。

2. 远离有"禁放风筝"标识的地方。

如果某个区域有"禁放风筝"标识，那一定有发生危险的可能，放风筝时一定要远离这些地方。

 安全小提示

高压线放电并不需要直接接触，只要距离过近，就可能放电。风筝一般由龙骨和线圈组成。龙骨的制作材料含有铁丝、钢圈等，所以龙骨会导电。虽然有的风筝手柄是塑料的，但遇到高压电也无法起到有效绝缘和防止触电的作用。所以，当风筝与高压线接触或距离高压线很近时，高压线就可能通过风筝线将高压电流传到人身上，对人体产生巨大危害。

出行安全指数自测

1. 你知道在哪些地方放风筝更安全吗？

2. 除了高压线，放风筝时还应该注意什么？

冰面明明冻得很结实，
为什么不能在上面玩？

 **情景小剧场**

这个冬天很冷，湖面早早结了冰。柯北最喜欢在冬天穿着厚厚的棉衣去冰面滑冰。

这天，天气非常寒冷，柯北和跳跳来到小区附近的湖边。看到湖面已经结冰，他们踩了踩冰面，觉得很结实。于是，柯北和跳跳在冰面上玩耍起来，结果两人不小心都坠入了冰窟窿。

两个人在水里拼命挣扎、呼喊，幸好被路过的大人发现，及时报警将他们救了出来。

??? 三思而后行

虽然水面结冰了，但要想一想：

1. 冰面是否够厚，能不能承受足够的重量？

2. 冬天去哪里滑冰更安全？

这样做，不安全！

1.认为天气足够冷，冰面足够厚。

很多小朋友认为，在零下的温度，冰面肯定已经冻得很结实，能够承受人的重量。但是，冰面的情况到底怎样，通过肉眼是无法准确判断的，贸然踩上去，很可能会掉入水里。

2.在冰面上踩踏和玩耍。

即便冰面冻得足够厚，人站在上面不会掉下去，也并不代表可以在冰面上肆无忌惮地跳跃。水面结冰的厚度是不一样的，有些地方有流动的水流，那么，这附近的冰面就比较薄，承重能力也比较弱，在上面踩踏和蹦跳很容易把冰面震裂，非常危险。

 这样做，才正确！

1.注意河边、湖边的安全标语和标志。

对外开放的湖边、河边等公共场所，会有禁止滑冰的标语和标志。我们一定要注意这些标语和标志。

2.掉进冰窟窿时，正确自救和求救。

如果你不小心掉进冰窟窿，不要惊慌，要想办法避免身体下沉。小朋友努力攀住冰面的边缘，两条腿用力后踢，让身体保持浮在水面上。自救的同时，你还要大声呼救，吸引周围人的注意，让自己尽快获救。

3.去专门滑冰的场所。

如果小朋友想去滑冰，可以去专门的滑冰场，因为这些地方的结冰程度是经过专业检测的，有安全保障。

安全小提示

在冰上玩耍时，一定要有大人看护，不要独自前往，也不要成群结队瞒着大人出行。小朋友在一起容易意气用事，无法客观判断情况，往往会忽略危险的存在，从而受到不必要的伤害。

出行安全指数自测

1. 如果不慎掉进冰窟窿，你知道应该如何自救吗？

2. 如果冰面够厚，但是温度上升，还能在冰面上玩耍吗？

冰面遇险自救步骤：
第一步，双手放在冰面上，保持冷静，使身体放松；
第二步，张开双臂，将双腿抬向身后，迅速摆动双腿，同时双臂用力，向冰面爬行；
第三步，身体离开冰洞后，匍匐向前移动，在厚实的冰面上站起来。

为什么旅游景区里也会有 "禁止入内" 的地方？

情景小剧场

暑假到了，柯北参加了学校的夏令营，跟同学一起去爬山、去丛林探险。同学们玩得不亦乐乎，但是，柯北却觉得毫无新意，对同伴跳跳说："每次出来玩都这么无聊，完全没有挑战，要不咱们去那边更深的森林吧，还从来没有去过呢！"

"这不好吧……"跳跳有点担心。

"真是胆小鬼！"柯北说，"我自己去！"

于是，柯北一个人离开队伍，往丛林深处走去，走了没有多久，就发现周围的环境有点可怕：树叶间好像有蛇，空气中弥漫着难闻的气味，树枝上垂着毛茸茸的大蜘蛛，地面上生长着形状奇怪的蘑菇……

柯北有些害怕，想要往回走，却发现一条蛇正在路上爬，就在他不知道怎么办的时候，听到了老师喊他的名字……老师慌忙把柯北拉到身边，绕开爬行的蛇，将柯北带回了队伍。

三思而后行

去野外游玩的时候，要想一想：

1. 这里有没有对游客开放，是否安全？

2. 会遇到哪些危险？遇到危险该怎么办？

 这样做，不安全！

1. 觉得没有人去过的地方才好玩。

小朋友有时候会把自己想象成探险家，但是，去野外游玩最重要的是安全。

2. 逗弄野生动物。

野生动物的攻击力不容小觑，所以，不要轻易去逗弄、招惹它们，以免被抓伤、咬伤。

3. 擅自采野花、吃野菜。

森林里有很多野花、野菜，还有各种野蘑菇，看起来很诱人。但是，很多野生植物都有毒，而且往往越漂亮，毒性越大。所以，不要随意采摘、食用野生植物。

这样做，才正确！

1. 注意安全警示标识。

去野外时，一定要注意看附近的安全警示标识，未开放的地方不要进入，以免遇到危险。

2. 不要单独行动。

在荒郊野外，人生地不熟的地方，我们不要单独行动，以免与同行的人走散或迷路，陷入危险区域。

3. 准备户外运动装备。

去野外要准备利于出行且有保护功能的装备，比如长袖上衣、长裤、野外运动鞋、登山杖等。在野外行走时，小朋友应避开荒草丛生、野生动物容易出没的地方。

安全小提示

很多小朋友总想去那些未向游客开放的地方"探险"，但是，这种地方之所以不对外开放，是因为存在安全隐患。因此，一定不要因为好奇而让自己身处险地。

出行安全指数自测

1. 你出门前是否会检查有没有准备好防护装备？

2. 我们应该怎样辨别开放景区和未开放景区？

遇到森林火灾，我该怎么逃生呢?

情景小剧场

有一年暑假，柯北和爸爸妈妈去外地旅游。在野外树林里，柯北抓了几只蚂蚱。他一时兴起，把地上的松针点燃准备烤蚂蚱，结果松针越燃越多，火势也越来越大，柯北一家人急忙逃生。由于火势迅猛，大家都被烧伤了。护林员发现后，急忙启动了紧急灭火预案，救了柯北一家人的生命。

但是，因为这场大火，数百棵松树被烧毁，柯北的爸爸妈妈也受到了相应的处罚。

三思而后行

当你在野外的时候，要想一想：

1. 这里能野炊吗？

2. 如何避免发生森林火灾？

3. 如果发生火灾，应该如何应对及保护自己？

这样做，不安全！

1.认为森林里不容易起火。

虽然森林的树木看起来郁郁葱葱，似乎很难引燃，但是，树林里也有很多枯树枝、枯树叶，这些都是易燃物。另外，即便是郁郁葱葱的树木，在干燥的环境下，也很容易被引燃。

2.认为小心一点就不会引发火灾。

有的小朋友认为，只要自己小心点，及时把火苗扑灭，就不会引发火灾。但是，干燥的树枝、树叶，只需要一点小火星就能被引燃，而且燃烧速度很快，因此，千万不要掉以轻心。

3.不懂如何逃生。

一旦发生森林火灾，要及时逃离。如果不懂正确的逃生方法，是非常危险的。

 这样做，才正确！

1.认识森林大火的危害。

森林火灾会带来高温，同时产生大量的浓烟和有害气体一氧化碳，容易造成烧伤、窒息或中毒。尤其是一氧化碳中毒，因为一氧化碳中毒不容易被察觉。要正确认识森林火灾的危害，树立森林防火意识。

2.判断火势大小，及时报警。

如果火势很小，只有零星的火苗，可以用水、土使其熄灭。如果你无法控制火势，千万不要逞英雄，要及时撤离，同时拨打森林防火报警电话12119。

3.逆风撤离，正确逃生。

在森林中遭遇火灾，一定要密切观察风向的变化。因为大火会顺风蔓延，所以，应当逆风逃生，切不可顺风逃生。同时，注意往空旷地带逃生，千万不要跑进灌木丛，或草木茂盛的地方。也不要往地势高的地方跑，因为火势会沿着地势往上蔓延。

4.保护好身体重要部位。

发生火灾时，呼吸道、眼睛、皮肤是重点保护的部位。因此，一旦发现自己身处森林着火区域，应当立刻用湿毛巾捂住口鼻，附近有水的话，最好把身上的衣服浸湿，给自己多一层保护。如果来不及躲避，应选在附近没有可燃物的平地卧地避烟。

"森林防火，人人有责"，这不是一句简单的口号，每个人都要有森林防火的意识，去野外森林里游玩时，不要携带火源，从源头避免森林火灾的发生。

和家人去山区或林区时，一定不要乱用烟火，要自觉遵守林区的防火规定。去野外时，带上安全绳、逃生绳、消防面具等安全用品。

出行安全指数自测

1. 外出旅行的时候，你是否有防火意识？

2. 你知道哪些发生火灾时的逃生方法？

我想去施工现场看看挖掘机，为什么不让我进去？

 情景小剧场

贝贝和小宝所在的小区附近，正在建一个新小区，他们每天路过时看到建筑工地里的塔吊和挖掘机，都特别兴奋！

这一天，贝贝和小宝趁着工地围栏没有封闭，偷偷跑进去玩。工作人员远远地看到了他们，大喊道："小朋友，快离开，危险！"

贝贝和小宝一脸疑惑，这里哪有什么危险呢？两人不情不愿地往回走，忽然小宝被脚下的钢筋绊倒，摔了个嘴啃泥。工作人员赶紧跑来，把他们两个赶出了工地。

??? 三思而后行

你会被施工现场的挖掘机吸引吗？下面这些问题你有思考过吗？

1. 为什么施工现场不让小朋友进入？

2. 施工现场存在哪些安全隐患？

这样做，不安全！

1. 把施工现场当游乐场。

施工现场不是游乐场，里面有很多"铜头铁臂"的大型机械。司机在内部操作时，存在视野盲区。我们贸然靠近施工现场是非常危险的。另外，工地上石块、钢筋混杂，一不留神就会摔倒磕伤。施工现场还会有深坑，如果不小心掉下去，又没有被其他人发现的话，很有可能被埋在坑里，这是很可怕的！

2. 把塔吊、挖掘机当作大型玩具。

施工现场的挖掘机和塔吊可不像玩具那么好玩，那是正儿八经可以把几千斤重的沙土、砖块从地上铲出和吊起的重型机器！所以，小朋友千万不要把真正的塔吊、挖掘机当作大型玩具，否则很危险。

 这样做，才正确！

1. 遵守安全标识，远离施工现场。

你有没有注意到，施工现场四周都有围栏，并且有各种安全标语，如"禁止入内""施工现场，请勿靠近"等，这都很明确地告诉我们，远离施工现场！

2. 阻拦小伙伴靠近施工现场。

如果有小伙伴想去施工现场玩，一定要及时阻拦，告诉他们施工现场存在的安全隐患，如果他们一意孤行，就及时告诉他们的父母，或者让施工现场的工作人员来劝说、阻止。

安全小提示

　　施工现场的挖掘机、塔吊等作业的时候，随时可能有石块、砖头等重物落下，十分危险。即便是工人叔叔也要戴着安全帽进出，所以我们要远离施工现场。

出行安全指数自测

　　1. 施工现场的安全标识，你是否都认得？

　　2. 除了施工现场，哪些地方也需要戴安全帽？

第三章

外面的世界很精彩，也很危险

如果在外面迷路了，我该怎么回家？

 **情景小剧场**

今年暑假，萱萱和西西两家人一起去四川旅游，他们在成都的一家大型商场玩得很开心，这时，萱萱和西西被琳琅满目的玩具、衣服吸引住了。

"啊，那些衣服好漂亮！"

"哎呀，这个玩具好好玩啊！"

两个人活力满满，不知疲倦，结果，不知什么时候和爸爸妈妈走散了。"我们迷路了！"萱萱和西西有些慌张，连忙回头找爸爸妈妈，可人实在太多了，根本看不到家人的身影。

在人生地不熟的地方，他们也不知道该往哪儿去。

"打电话！"还好萱萱记得妈妈的电话号码，他们借用附近店员的电话联系到了爸爸妈妈。

??? 三思而后行

如果外出时和爸爸妈妈走散，要认真思考一下：

1. 自己是否有紧急联系卡，应该如何联系到爸爸妈妈？

2. 如果没有爸爸妈妈的联系方式，应该找什么人帮助自己？

 这样做，不安全！

1. 无头苍蝇一样乱跑。

小朋友走失以后，很容易惊慌失措，有的害怕得哭起来，有的像是无头苍蝇一样乱跑，却越跑越远。

2. 随便相信陌生人。

小朋友迷路走失以后，很容易让不怀好意的人趁虚而入。坏人可能会利用小朋友急着回家的心理，哄骗小朋友跟自己走。

 这样做，才正确！

1. 记住显眼的标志。

外出时，要多留心记住一些大的标志建筑物，还可以提前跟家人约定，走散了就在某个显眼的标志建筑物旁会合。

2. 求助附近的警察叔叔或者工作人员。

如果在路上跟家人走散了，可以去找警察叔叔。如果附近没有警察，可以找附近商店里的工作人员，请他们帮忙给家里人打电话。如果是在购物广场、超市、地铁、车站等地方跟家人走散了，可以求助工作人员，通过广播让家人来找自己。

3. 告诉警察叔叔电线杆上的数字。

很多城市路边的电线杆上都会有一串数字。当跟家人走散后，你可以拨打 110 报警电话，告诉接警人员你附近的电线杆上的数字。这些数字被编入了 110 报警中心的电子地图。民警能通过电子地图迅速找到你的位置。

4. 不跟陌生人走。

当发现自己和家人走散了，小朋友首先要冷静，不要慌张，不要随便告诉陌生人自己找不到家人了。

安全小提示

迷路后不要到处乱跑，最好待在原地，耐心等待家人。如果长时间没有找到家人，就要寻求帮助。平时要牢记至少一个家庭成员的联系方式，以便走失的时候联系他们。

出行安全指数自测

你记住家人的联系方式了吗？

如果被人跟踪，我可以快跑甩掉他吗？

 情景小剧场

　　欢阳和晶晶听说家附近新开了一家游乐场，便相约一起去玩。他们搭乘地铁一路上说说笑笑，聊得忘乎所以。在某一站，一个戴鸭舌帽的男人上来了，看到他们两个小孩身边没有大人，就在他们旁边的座位上坐下。然后，戴鸭舌帽的男人一直偷偷观察着他们的一举一动。地铁到站后，欢阳和晶晶兴奋地跑下地铁，鸭舌帽男人也跟着下了地铁。

　　鸭舌帽男人一路跟着他们，与他们保持着二三十米的距离。这个时候，欢阳觉得不对劲，就对晶晶说："后面那个人好像一直在跟着我们。"

　　晶晶回头看了一眼，不在意地说："人家可能碰巧跟我们顺路，只是巧合，你别疑神疑鬼了。"

　　欢阳说："可我总觉得不对劲，我们还是小心点吧。"

　　刚好路边停着一辆警车，欢阳和晶晶特意在警车旁边停留了一会儿，再回头看，那个鸭舌帽男人已经不知去向了。

 **三思而后行**

出去玩不要只顾着兴奋地玩耍，也要思考一下：

1. 如果发现有人一直在自己身后，是巧合还是被跟踪了？

2. 发现自己被陌生人跟踪，该怎么办呢？

 这样做，不安全！

1. 以为是巧合，放松警惕。

有些小朋友会认为，马路上的人那么多，凭什么说背后的人是在跟踪我？正是因为这种心理，当真的被跟踪时，他反而意识不到危险，从而放松警惕，给坏人可乘之机。

2. 自作聪明走小路。

当发现被陌生人跟踪以后，有的小朋友自作聪明，以为自己熟悉路线，或者"身手矫健"，就专门找不好走而且人少的小路逃脱，殊不知，这正好为坏人做坏事创造了条件。

 这样做，才正确！

1. 结伴出行。

上下学没人接送的时候，要和同学结伴而行，以便出现意外情况能互相帮助，而且人多的话，坏人也不好下手。

2. 不躲藏。

你意识到自己被跟踪后，不要想着躲藏起来，让坏人找不到。这样做会让坏人更加紧紧地跟着你，而且，躲在偏僻的地方会更危险。

3. 找警察。

我们要牢记这一点：遇到事情找警察。一旦发现自己被陌生人跟踪，首先要看看周围有没有警察、派出所、警车。

4. 找穿制服的工作人员。

找超市、商店、车站的工作人员求助。

5. 往人多的地方走。

如果附近没有警察也没有穿制服的工作人员，也不要慌，牢记一个原则：往人多的地方跑。一般在人多的地方，坏人是不敢做坏事的。如果坏人还是紧跟着不放，就在人多的地方喊"有坏人跟踪我"，这样既可以引起其他人的注意，又可以寻求好心人的帮助，使陌生人不敢再跟踪你。

在外游玩时，小朋友不要擅自离开爸爸妈妈独自行动，尽量不走僻静人少的小路，这样可以降低被陌生人跟踪的可能性。如果你怀疑自己被跟踪，不要把它当成巧合，一定要提高警惕。

1. 在什么场合容易被跟踪？

2. 你知道被陌生人跟踪时还可以求助哪些人吗？

如果被关在车里，
我要乖乖地等爸爸妈妈回来吗？

▶ 情景小剧场

这天下午，一位快递小哥发现停在路边的汽车的车灯不停闪烁，便向车里看了一眼，发现后排座椅上有个五六岁的小女孩。他赶紧打电话报警。警察赶到以后，让小女孩从车内打开车门，但小女孩似乎听不明白，无法按照警察的说法正确操作。

天气很热，车内很闷，小女孩满脸通红，情绪激动，大哭大闹。警察联系车主，但是对方电话无人接听。于是，警察赶紧找来灭火器，将车窗砸开，把小女孩解救了出来。

半小时后，小女孩的爸爸回来了，他看见女儿大哭的样子，心里非常内疚。原来，他着急开会，忘了孩子还在车上。这位爸爸的粗心差点酿成大祸。

??? 三思而后行

小朋友们，如果被困在车里，先不要着急，动动脑筋：

1. 可以用什么办法打开车门或车窗？

2. 如果不能自救，怎么让别人来救自己？

这样做，不安全！

1. 让睡着的小朋友独自待在车里。

在行车过程中，小朋友容易睡着，让睡着的小朋友独自待在车里，会非常危险。

2. 只顾害怕，不知道自救与求救。

有些小朋友被困车里时只顾着害怕、哭泣，却不知道该如何自救，或者向外界求救。

3. 一心等着父母回来。

有些小朋友被困在车里时，并没有意识到危险，一心等大人回来。

这样做，才正确！

1. 想办法自救。

大部分汽车即使上锁后，车门也可以从内部打开。如果小朋友无法从内部打开车门，可以放倒后排座椅，进入后备厢，因为很多汽车的后备厢内部有紧急逃生开关，可以通过这个开关将后备厢打开来逃生。平时要请家里的大人指导我们掌握操作方法，以备不时之需。

2. 按喇叭，打开双闪求救灯。

被困在车内时，如果打不开车门、车窗，也不知道如何自救，那么就要想方设法弄出动静，引起外界注意，向外界求救，比如按车喇叭、打双闪灯等。有些车内的隔音效果比较好，拍打车窗可能无法引起路人的注意，所以，在车熄火后，按喇叭、打开双闪灯更能引起周围人的注意。

密闭空间的氧气有限，被困车内时间久了，会导致窒息。另外，如果是炎炎夏日，车内温度过高，被困车内易导致脱水休克。所以，我们千万不要单独留在车内。

📢 **出行安全指数自测**

1. 你掌握从车内打开车门逃生的技巧了吗？
2. 你学会如何从后备厢逃生了吗？
3. 在汽车熄火后，如何按喇叭、打开双闪灯？

如果被困在电梯里，
我可以使劲扒开电梯门自救吗？

 **情景小剧场**

这天中午，豆豆和跳跳像平时一样约好一起下楼玩耍。两个人乘坐电梯缓缓下降。忽然，电梯猛一停顿，开始快速下降，几秒钟以后又突然停住不动了，但电梯门并没有自动打开。

面对这种情况，跳跳马上慌了，吓得大叫起来。豆豆赶紧按下电梯的全部楼层按钮，并按下紧急求助按钮，又和跳跳一起用电话手表联系了家长。随后，豆豆又报了警。

没过多久，豆豆和跳跳获救。在这整个过程中，豆豆都表现得特别冷静。连救援的民警都称赞他："简直是一场教科书式的自救。"

??? 三思而后行

乘坐电梯时认真思考一下：

如果电梯突然停住或者下坠，你该怎么办呢？

这样做，不安全！

1.只顾害怕，大喊大叫。

电梯出现事故以后，很多人会被吓得大喊大叫，甚至疯狂蹦跳，但这一点用都没有，而且还会耽误求救和自救。

2.被困电梯后尝试强行打开电梯门。

被困电梯后，小朋友千万不要强行打开电梯门。如果你不知道自己被困在哪个楼层，强行打开电梯门，就有可能坠入电梯井，发生更严重的事故。

 这样做，才正确！

1.电梯停住时，按警铃求助。

乘坐电梯时，如果电梯突然停住不动，小朋友先不要慌，可以试着按开门按钮。如果开门按钮不管用，那小朋友可以按电梯中的警铃，向电梯管理员求助。

2.电梯坠落，按下所有按钮，屈膝站好。

如果电梯突然开始坠落，要迅速地按下所有楼层的按钮，并按警铃求助，同时拨打 110 报警（110 报警电话在没有信号的情况下也能拨通）。在等待救援的过程中，一定要注意站立姿势，如果电梯中有扶手，要紧握住扶手；如果电梯中没有扶手，头部和背部要紧贴着电梯内壁，双腿弯曲，提起脚跟，双手抱头，护住脖颈。

安全小提示

要熟知电梯各个按钮的用途，熟记电梯出现故障时的应对方式。遇到电梯故障时不要慌张，要沉着冷静地应对突发状况。

出行安全指数自测

1. 你知道乘坐电梯的注意事项吗？

2. 乘坐的电梯发生故障时，你知道该怎么做吗？

电梯发生故障时的求助方法：

第一步，迅速按下所有楼层的按钮；

第二步，按电梯内的报警铃求助；

第三步，拨打 110 报警电话。

如果掉在深坑里，除了哭，
我还能做些什么？

 情景小剧场

　　柯北放暑假了，爸爸妈妈把他送到了乡下的爷爷奶奶家。柯北很喜欢和乡下的伙伴庆庆一起玩。

　　有一天，两个人带着爷爷家的小狗一起玩，可是小狗不小心掉进了地洞。为了救小狗，柯北不小心也掉进了地洞，庆庆想把柯北拉上来，竟然也掉了下去。柯北和庆庆试了几次都没能从地洞里爬出来，两个人你看看我，我看看你，不知所措。

　　柯北说："大喊救命吧！让别人听见来救我们！"两个人大声呼喊了半天，嗓子都冒烟了，也没有人回应，更没有人来救他们。

　　这个时候，柯北忽然想起来，自己手上有智能手表。于是他连忙联系了爸爸，让爸爸联系爷爷奶奶。但是爷爷奶奶去地里干农活了，一直联系不上。

　　爸爸说："我会联系其他人救你们，你们不要着急。"

　　没过多久，来了几个大人把他们救了上来。

 **三思而后行**

当被困在地洞、窨井等狭小空间里的时候，要想一想：

1. 能不能靠自己的力量逃生？

2. 如果不能靠自己逃生，应该怎样向外界求救？

 这样做，不安全!

1. 一遍遍尝试自我逃生。

被困以后，第一时间当然是尝试自我逃生，但是，如果尝试多次仍未成功，就不要再继续行动，以免耗费太多体力。

2. 不断向外界进行无用求助。

如果已经向外界求救，但是外界没办法立刻到达救援现场，此时要保存体力和手机的电量，不要一直给家里人打电话，要节约手机电量，保持手机畅通，以便救援人员到达现场后能及时找到你的位置。

3. 盲目破坏周围环境。

有些人被困在地洞的时候，会通过凿挖洞壁等破坏周围环境的方法来逃生，但是，盲目破坏周围环境可能会带来新的危险。

 这样做，才正确!

1. 保存体力，等待救援。

无论是尝试自救，还是向外界求助，都应该注意保存体力，直到救援人员到来。

2. 节省向外求助的资源。

第一时间向外界求助是很必要的，但是，在等待救援的时候，不要一遍一遍地浪费求助资源。

 安全小提示

误入地洞、窨井等狭小空间时，我们要沉着冷静，想办法向外界求助，并耐心等待救援。

出行安全指数自测

1. 生活中，哪些地方可能是困住你的狭小空间？

2. 你外出时有没有带通信工具的习惯？

狗狗追着我跑，还要咬我，这可怎么办？

柯北走在回家的路上，突然迎面来了一只大狗，大狗凶神恶煞、虎视眈眈。

柯北被吓坏了，环顾四周，发现并没有大人可以求助，便故作淡定，随手拿起路边的一根树枝作为武器。这条大狗见柯北拿起了树枝，全身都开始警觉起来，耳朵平放，呲牙咧嘴，站在柯北面前不停地叫唤。

柯北想要绕开大狗赶紧脱身，但是大狗似乎并不想轻易放过他。柯北大喊一声："妈呀……"随后撒丫子就跑。大狗紧跟在柯北后面，一路追赶，还发出可怕的叫声。

幸好，在被追上之前，柯北跑到了有大人的地方。大狗被大人驱赶之后离开了。此时柯北才松了一口气。

三思而后行

请思考一下：

1.怎样做能避免被动物追咬？

2. 如果动物已经开启攻击模式，你应该怎么办？

 这样做，不安全！

1. 大喊大叫。

很多小朋友一看到追咬自己的动物就被吓得魂不守舍，不自觉地大喊大叫，这很容易引起动物的误会，它们会把这种大喊大叫误认为是攻击性动作。所以，大喊大叫只会刺激动物，让你更加危险。

2. 仓皇逃跑。

"不能大喊大叫，那我赶紧跑还不行吗？"这是很多小朋友的正常反应。每个人都想赶紧离开这种危险的环境。很多时候动物追人正是因为人在跑，追赶是动物的本能。而且，我们通常是跑不过动物的。

3. 和动物作战。

"跑不过，我就打！"相对于逃跑，很多"勇敢"的小朋友会选择和动物作战。但是，这种行为会刺激动物，使动物做出更猛烈的攻击行为。

 这样做，才正确！

1. 保持冷静。

不论是面对家养的动物还是流浪动物，我们都要保持冷静，避免做出大喊大叫、狂奔等行为，以免让动物们受到刺激，失控发狂。

2.向大人寻求帮助。

在遇到恶犬追咬等危险的时候，一定要第一时间向大人求助，让大人来帮助自己。

3.避免对视。

如果动物挡住了你的去路，并且表现出攻击性，那你要注意：千万不要与动物对视，因为在动物看来你的对视是在挑衅它。因此，遇到这种情况，我们应该侧过身去，避免与动物对视，看旁边或者低头看地面。

4.向后退，慢慢地离开。

你的目光应从动物身上移开。你要慢慢后退，千万不要着急。如果动物掉头，那你要慢慢远离它。一两分钟之后，如果动物不再跟着你，就可以正常走开。

5.迅速用衣服盖住恶犬的头部。

意识到动物要对你发起攻击后，你可以迅速脱掉外套，将外套扔向动物的头部，遮住它的眼睛，这样动物看不清就不会再轻易发起攻击了。

安全小提示

我国每年有 4000 万人被猫狗咬伤，其中一半以上是孩子。小朋友的个子矮，力气小，不要逗弄大型犬只以及其他没有牵绳的动物。如果小朋友已经被攻击，要第一时间对伤口进行清洗、消毒，及时就医，并注射相关疫苗。

> **出行安全指数自测**
>
> 1. 遇到面露凶相的动物，你知道避免自己被咬伤的方法吗？
>
> 2. 一旦被失控的动物追咬受伤，你是否懂得怎样处理？

PART3

校园安全

　　校园是我们重要的学习、生活场所。一年中，除去周末和节假日，我们大部分时光都是在学校度过的，甚至，学校已经成为比家庭更为重要的场所。因此，校园安全也需要格外注意。

第一章

上学路上
潜在的危险

制作学校和周边区域的地图，有什么用呢？

 **情景小剧场**

小叶就要换新学校了。为了让他尽快熟悉学校和周边区域的环境，小叶的爸爸专门给他制作了一张学校和周边区域的地图，并且在地图上将重要建筑和路标做了标记，方便小叶熟悉学校周围的环境。

"你看，这里是学校，这里是十字路口，这里是购物中心，这里是警察局，这里是医院，这里是便利店，这里是游乐场……"

"爸爸，你画的这个地图我觉得一点用都没有！"小叶对爸爸的"杰作"充满不屑。

结果，没过几天，小叶就在学校附近迷路了。

三思而后行

请认真想一想：

1. 制作学校和周边区域的地图，有什么作用？

2. 如果小朋友不熟悉学校周边环境，可能会遇到什么危险情况？

这样做，不安全！

1.认为不需要熟悉周边环境。

很多小朋友会想，每天上学、放学，都是家长接送，不需要熟悉学校周边环境。但是，每天放学的时候，校门口挤满了人，一旦和父母走散，我们可能"两眼一抹黑"，连和父母会合的地点都不知道，这无疑增加了发生危险的概率。

2.认为自己可以轻松记住各种路线，不需要做地图。

有些小朋友认为，自己的记忆力很好，不需要制作地图，就能将周边的一切记住。但是俗话说，好记性不如烂笔头，做成的地图更直观，更方便记忆。

 这样做，才正确！

1.通过地图熟悉学校周边环境。

在爸爸妈妈帮忙制作好地图之后，我们要经常使用地图。小朋友每次上学、放学，都可以拿出地图来对照，以便让自己更快熟悉学校周围的环境。除此之外，小朋友也要多观察周围的交通情况，在学校门口也要遵守交通规则。

2.不走不熟悉的路线。

当家长没有时间接送的时候，我们要记住，不要走自己不熟悉的路线，减少不必要的危险。

3.使用电话手表的定位和通话功能。

如今，大部分小朋友都会使用电话手表。如果小朋友需要一个人上下学，那除了按照地图路线行走外，还要随时利用电话手表和爸妈保持联系，让他们知道你的行踪以及安全状况。

安全小提示

现在，很多小朋友出现的意外都发生在学校周边。有些孩子认为在校园里是安全的，同样地，认为在校园门口或者附近，也是相对安全的，从而放松了警惕。然而，熟悉学校和周边的环境，对我们来说非常重要。

校园安全指数自测

1. 你熟悉自己学校和周边的环境吗？

2. 如果让你一个人上学，你能不能顺利到达学校？

独自上学时，要注意哪些事情？

情景小剧场

这天，妈妈临时有事没有办法送柯北上学，柯北便自告奋勇自己去上学。妈妈拗不过他，多次确认柯北知道路线以后，妈妈同意了，并嘱咐柯北："自己上学一定要注意安全，路上要小心，不要在路上耽搁，到了学校给妈妈打电话。"

虽然柯北没有独自去学校的经历，但是他对上学的路线很熟悉，一路上还挺顺利的。可是，就在快到学校的时候，柯北听到附近超市正在宣传新版变形金刚，便不由自主拐了进去。

柯北被各式各样的变形金刚吸引了，丝毫没有注意有个人一直在跟着自己。就在那个人要靠近柯北的时候，妈妈打来电话询问他是否到校。于是柯北才急急忙忙往学校跑，这才远离了那个可疑的人。

三思而后行

当你一个人上学的时候，一定要想一想：

1. 上学路上可能会遇到哪些危险？

2.独自上学如何避免发生危险?

 这样做，不安全！

1.在路上不停地闲逛。

一个人去上学的时候，会觉得路上有很多好玩的，可以多玩一会。但是，在路上耽误太多时间，不仅会迟到，还会增加自己遇到危险的概率。

2.不随时和爸妈保持联系。

难得一个人去上学，有的小朋友会调皮地关掉定位和手表。可是，爸爸妈妈之所以放心让我们一个人去上学，一定是在有安全监护的条件下，比如能定位我们的位置、能够随时保持通话等。

 这样做，才正确！

1.不提倡独自去上学。

小朋友还处于需要大人保护的阶段，一个人上学，始终存在安全隐患，所以，并不提倡小朋友一个人去上学。

2.警惕搭讪的陌生人。

如果有特殊情况需要我们自己去上学，那么，一定要警惕突然来搭讪的陌生人，这个陌生人可能是看上去就不怀好意的人，也可能是声称自己需要帮助的人。可以想一想：怎么就这么凑巧，你一个人上学，就有人来搭讪？也要记住：小朋友不必为大人提供帮助。如果大人遇到困难，应该向警察或其他大人求助。所以，遇到这种情况，一定要尽快摆脱来搭讪的人，不要被他们所说的话诱惑，尽快走去人多的地方。

安全小提示

我们独自上学时，在路上耽误的时间越长、去的地方越多，越容易发生事故。因此，我们独自去上学一定要保证"两点一线"，不在路上耽搁，以免发生意外。

校园安全指数自测

1. 一个人去上学时，是否有随时联系父母的习惯？

2. 面对路边的诱惑，你是否有足够的抵抗力？

3. 你知道如何应对突然来搭讪的陌生人吗？

乘坐校车，也会遇到危险吗？

　　丁丁的家距离学校比较远，一般都是坐校车上学，但是，丁丁总有一些让人头疼的习惯。

　　有一次，校车到学校后，同学们下车各自回到教室里。上课时，老师发现丁丁不在，便问大家："丁丁去哪儿了？"

　　同学们你看我，我看你。"不知道啊，刚才在校车上还看见他呢。"

　　"奇怪，那怎么没来上课呢？难道他还在车上……"

　　老师赶紧去校园里找，最后发现丁丁正躺在校车里呼呼大睡呢！

　　坐校车上学，要想一想：

　　1. 应该怎样正确等校车、乘坐校车？

　　2. 如何避免在校车上发生意外？

这样做，不安全！

1. 不按规定等校车。

有的小朋友在等校车的时候很随意，好像不是自己在等校车，而是校车在等自己。这样做很容易错过校车，造成不必要的麻烦，也会耽误校车司机和其他同学的时间，是非常不礼貌的。

2. 坐校车时睡觉。

有的小朋友会认为，在校车上打个盹儿没什么，但是睡着之后，如果遇到紧急刹车，容易受到撞击而受伤。

小朋友在校车里睡着，不容易被老师发现，可能会被锁在车里，这样是很危险的。

 这样做，才正确！

1. 按时等校车。

校车并不是只接一个人。有很多小朋友都在等校车。因此，我们一定要按时等待校车，最好提前几分钟，节省大家的时间，也避免自己被校车"抛弃"。

2. 在约定好的地方等校车。

校车有固定的路线，我们要在约定好的地点等待，不要随意更改地点。

3. 遵守乘车规则。

上校车以后，一定要严格遵守乘车守则。车到站后，一定要跟随同学们有序下车。有的小朋友可能一坐车就犯困，这个时候，要选择跟同学们坐在一起。即使你不小心睡着了，也有同学知道，到站了他们可以叫你一起下车。

安全小提示

近年来，学生因为睡觉而被遗忘在校车上从而发生意外的新闻实在太多了，一定要警惕。

校园安全指数自测

1. 你是否能牢记校车到站的时间和地点？

2. 在校车上打瞌睡之前，你有没有事先拜托周围的同学下车时叫醒自己？

为什么雨天不可以踩水坑玩？

情景小剧场

下雨天，琳琳和小涵结伴去上学。他们的妈妈在后面跟着，两个人慢慢悠悠，边走边玩。因为下雨，路上有一滩一滩的积水，这可把琳琳和小涵乐坏了，他们一边走一边踩水。

"路很滑，小心摔跤！"妈妈们赶紧提醒。

要过马路的时候，琳琳看见前面有一个小水坑，她二话不说就要踩过去。妈妈急忙阻止她："站住！积水太多了，赶紧绕开！"

琳琳不听："我穿着雨鞋呢，怕什么？"

"不行，危险！"尽管妈妈极力阻止，但琳琳依然不听，眼看她一个跨步就要踩进水坑里，旁边的交通协管员叔叔一伸手就把琳琳拽住了。

"小朋友，这个水坑很危险，这里有井盖，下面是一个渗水井，还是绕前面的天桥过去吧。"琳琳听了有些后怕，庆幸这位叔叔及时阻止，不然她这会儿可能已经掉进渗水井了。

 **三思而后行**

在下雨天去上学，一定不要只顾着玩水，要想一想：

1.雨天上学，可能会遇到什么危险？

2.应该怎样做，才能避免自己发生意外？

 这样做，不安全！

1.认为雨天是玩水的好机会。

"好久没玩水了，路上这么多积水，刚好可以玩了！"玩水要分场合，不是所有地方的水都可以玩。下雨天路上有积水的地方十分危险，除了可能造成溺水，还有可能触电。

2.认为只是小积水，踩踩没关系。

因为疏忽大意，雨天溺水事故频发。很多水坑看上去只是一点儿大，实际上水量很大，水位又深。

3.下雨天踩井盖。

有的小朋友可能会认为，井盖是很牢固的，不会发生危险。而事实上，踩井盖是很危险的行为。尤其是下雨天，踩井盖的小朋友很可能会掉进井里，发生溺水、摔伤等事故。

 这样做，才正确！

1.出门穿雨衣，换防滑鞋。

雨天上学，一定要记得穿上雨衣；雨天车辆视线不好，为了避免发生交通事故，尽量穿色彩鲜艳的外套和雨衣；雨天路滑，要注意换上防滑的鞋子或雨靴。

2. 远离电线杆、广告牌。

雨天不只路滑，路上还有积水，电线杆周围可能会漏电；大雨如伴随有大风，广告牌等可能会被吹倒。因此，小朋友一定要远离这些危险区域。

3. 远离积水深的地方。

如果道路被积水淹没，要主动绕道走，不要蹚水过马路。看不清水深的地方，有可能隐藏着更多安全隐患。所以，一定要远离积水。看到别的小伙伴蹚水过马路，也要及时阻止，并告诉他们这样做有危险。

4. 去地势高的地方躲避。

如果道路上的积水瞬间上涨，就要到地势高的地方躲避。如果你身处城市，可以去地势高的商店、广场等地躲避。如果你身处乡村郊外，可以在房顶、树梢等处躲避。

雨天出门，很容易滑倒。如果没有做好防护措施，浑身都会弄湿，而且地上的积水中有很多细菌和寄生虫，蹚水可能会引起皮肤感染。另外，下雨天还容易造成电缆电线漏电，在积水中最容易引发触电危险，必须要注意！

1. 雨天上学，你有没有专属自己的全套防护衣物、鞋子？

2. 雨天上学，你是否懂得躲避电线杆、广告牌等危险物？

雨越下越大，道路都变成了河，我该怎么回家？

 情景小剧场

丁丁本来打算周末去游乐园玩，但因为周六一大早就开始下雨，一直持续到周一上学，并且，周一中午雨势忽然增大，气象部门发布了特大暴雨预警。

距离放学还有一个小时，班主任老师走进教室说："同学们，雨势太大，学校通知我们提前放学。我已经在群里通知家长了，大家收拾好书本，等待家长来接。"

一个小时过去了，雨还是很大，只有几个家长来接小朋友，并且学校里也有了较深的积水，好在学校及时放了沙袋阻挡雨水，不然一楼的教室都会被淹了。

丁丁有些着急，给妈妈打电话才知道，因为路上水太深，妈妈的车子在距离学校不远的地方熄火了，妈妈正步行来学校。又过了将近半个小时，妈妈终于来到了学校，但是怎么回家成了难题。天已经黑了，因为道路积水太深路上所有车辆都开不动，地铁也停运了。

"妈妈，家离得不远，要不我们走着回家吧！"

"不行，现在路上水太深了，而且雨还很大，走着回家太危险了。"思来想去，妈妈决定带着丁丁住在就近的酒店，第二天雨小了再回家。

 三思而后行

遇到暴雨洪水，一定要思考一下：

1. 暴雨洪水有哪些危险？

2. 遇到暴雨洪水应该怎么办？

这样做，不安全！

1. 暴雨天气随意在外活动。

很多同学喜欢雨天，雨越大越兴奋，但是暴雨天气和一般的下雨天不一样，路面积水会在短时间内迅速增多，可能会出现"来的时候好好的，回的时候回不去了"的现象。

2. 冒险通过被水淹的道路。

下暴雨时，道路被淹，积水深浅不明，水下情况不清，道路上的井盖可能被水冲开，冒险通过积水处很可能发生溺水事故。此外，地下可能有电缆、电线，经水浸泡也有漏电的危险。

3. 吝惜财物，不及时撤离。

暴雨洪水严重到一定程度，有关部门可能会组织泄洪，此时需要听从指挥及时撤离到安全场所。千万不要因为吝啬财物，耽误了撤离。

这样做，才正确！

1. 暴雨天气不出门。

下暴雨时或者暴雨后，尽量不要出门活动，以免遇到危险，在家注意关好门窗。要养成关注天气预报的习惯，时刻注意天气变化。

2. 不要靠近围墙、在建物、电线杆。

如果发生暴雨的时候恰好在户外，应注意不要靠近围墙或在建物。暴雨发生后，围墙、广告牌或在建的建筑物经过冲刷、浸泡会不牢固，随时可能发生垮塌，离得太近可能对人身安全造成威胁。当然，也要远离高压线、配电箱等电力设施，以免触电。

3. 远离地下建筑物，到地势高的地方避险。

如果暴雨时，你正在户外，要及时撤离到安全区域。远离地铁、地下通道、地下商场、抛锚的汽车等封闭或地势较低的场所，寻找稳固的高地，到两层楼以上的地方避险。

4. 落水要自救，同时节约手机电量。

万一掉进水里，如果你不会游泳，也不要紧张，尽量让头部浮出水面，大声呼救。按照以下方法做也可以自救：第一，要面朝上，头向后仰，双脚交替向下踩水，手掌拍击水面，让嘴露出水面呼气后立刻使劲吸气，迅速观察四周，向露出水面的固定物体靠拢；第二，如果水流湍急，不要胡乱挣扎，要节省体力，注意躲避旋涡以及水中的石块等危险物体，若发现漂浮的木板、家具、树木等物体要设法攀住。

安全小提示

　　暴雨洪水是由较大强度的降雨而形成的洪水。城市内涝就是常见的暴雨洪水，会对人们的人身安全造成巨大威胁。记住，在面对暴雨洪水的时候，要将人身安全放在第一位，财物之类的都不重要。

出行安全指数自测

　　面对暴雨引发的洪水，你是否懂得如何保护自己？

妈妈的朋友来接我放学，
我可以跟他走吗？

放学了，同学们都有家长来接。可可等了很久都没有等到妈妈。她想："平时妈妈都是第一个来的，今天是有什么着急的事情吗，要不我自己回家吧？"

正想着，一位阿姨对可可说："你好，可可，你妈妈在加班，她让我来接你。"

可可仔细看了一下，她好像见过这位阿姨，但又不确定能不能跟她走。可可的小脑袋转了转，对那位阿姨说："麻烦您打电话给我妈妈，我想跟她通一下电话。"

"好，我给你妈妈打电话。"阿姨笑着点了点头，给可可妈妈打了电话。可可听到妈妈的声音，才放心地跟着阿姨离开学校。

陌生人或者不熟悉的人来接你放学时，请想一想这些问题：怎么确定这个人不是坏人呢？

这样做，不安全！

1. 自己贸然回家。

有些小朋友可能会想，爸爸妈妈太忙了，所以没有来接自己，那我就自己回家吧！这是不安全的做法。小朋友一个人回家，路上有可能遇到坏人，也可能会遭遇交通事故。

2. 跟陌生人回家。

有的小朋友会想："这位阿姨我见过，应该可以放心跟她走。"要记住，任何时候都要警惕熟人作案，见过却不是很熟的人，更应该小心。

3. 不报行踪，去同学家。

如果放学不见爸爸妈妈来接，可以去同学家，但前提是要告知老师、爸爸妈妈，让他们知道自己的行踪。

这样做，才正确！

1. 耐心地继续等一会儿。

如果过了放学的时间，爸爸妈妈还没有出现，可能是他们有事耽误了。在老师的陪伴下，小朋友需要继续耐心地等爸爸妈妈。如果爸爸妈妈还没来，再做下一步打算。

2. 听老师安排。

老师知道爸爸妈妈的电话号码。小朋友可以请老师给爸爸妈妈打电话，商量一下怎么办。

3. 如果陌生人来接，一定要跟爸爸妈妈打电话确认。

陌生人分两种，完全没见过的陌生人和好像见过的陌生人。

不管是哪一种陌生人来学校接你，都不能直接跟他走。不管是否见过面，有人来接你的时候，一定要先打电话跟爸妈确认。

近年来，越来越多的贩卖儿童事件是熟人作案，因此，我们要特别当心，就算见过这个人，也不能随便跟他走！如果爸爸妈妈安排人来接你，应该会先跟你或老师打招呼。在确认对方身份之前，我们要以不变应万变。

校园安全指数自测

1. 你是否能熟记家人名字和电话？

2. 放学时，如果爸爸妈妈迟迟没来接你，你应该怎么办呢？

在校门口遇到拿着刀的坏人，谁能保护我？

 情景小剧场

5 月下旬的一天，是琳琳记忆中最恐怖的一天。那天放学，琳琳像平时一样在学校门口等妈妈，因为是放学高峰期，人和车辆都比较多。

忽然，人群一阵骚乱，有人大喊："砍人了！"

琳琳闻声看去，便被眼前的画面吓了一跳，不远处有一个人拿着刀乱砍，有好几个学生和家长已经受了伤，流了很多血。琳琳还在学校大门内，老师们赶紧关了校门，以免行凶者进入学校。

后来，听老师说是有人在报复社会而四处伤人，已经造成多名学生和家长受伤，而歹徒已被警方控制。

??? 三思而后行

思考一下：

1. 校门口可能发生哪些恶性事件？

2. 如何避免恶性事件伤害到自己？

这样做，不安全！

1. 害怕得不知所措。

我们被父母保护得很好，突然在校门口遇到持刀砍人的事件，难免会因为受到惊吓而不知所措，而如果不能尽快平复心情，冷静应对，很可能耽误了最佳的逃生时间。

2. 不自量力与恶徒搏斗。

有的小朋友想要学超级英雄拯救世界，不自量力地去和恶徒搏斗。这样做是错误的，会给自己带来更大的伤害。

 这样做，才正确！

1. 保持冷静，迅速逃离。

发生恶性事件时，我们不要只顾着害怕，要尽快让自己冷静下来，想方设法迅速逃离现场，保护自身安全。

2. 及时求救。

面对穷凶极恶的人，如果被困住无法逃跑，要及时向周围的人求救，或者悄悄打电话报警。

3. 事后修复心理创伤。

在经历或者目睹了残暴的事件后，血腥暴力的场面也许会留在孩子的心里，给孩子的内心带来创伤。这种创伤在心理学上被称为创伤后应激障碍。有创伤后应激障碍的孩子会经常做噩梦，日常表现过分黏人，不愿离开父母，或者过度警觉，容易暴怒，难以入睡。孩子有了这些异常的表现，父母要加以重视，带孩子去医院或者心理诊所就诊。

安全小提示

　　近年来，在学校门口报复社会的事情偶有发生，虽然概率不高，但是后果极其恶劣、影响严重。一旦发生不幸，可能会导致整个家庭破碎。因此，我们如何防范都不为过。

校园安全指数自测

1. 你是否有防范这种恶劣事件的意识？
2. 你是否有面对冷静处理恶劣事件的能力？

在校门口被流氓叫住了，
要怎么做才能脱身？

▶ 情景小剧场

因为离家近，跳跳经常放学后在学校玩一会儿再回家。这天傍晚，跳跳从学校操场出来的时候已经快 6 点半了。为了尽快赶回家，不挨批评，他一路小跑着出了校门。没想到，刚出学校门，旁边便传来一个恶狠狠的声音："给我站住！"

跳跳吓了一跳，回头发现是几个看起来痞里痞气的人。他们拦住跳跳，威胁道："把钱交出来，不然有你好看！"

跳跳看到那几个人除了凶狠一点，并没有拿出刀具，他连忙让自己冷静下来，对着这几个坏蛋的身后大喊："警察叔叔，快救我！"

坏蛋们吓了一跳，连忙回头，趁他们不备，跳跳赶忙向附近的警察局跑去，并把自己遇到的情况告诉警察叔叔。最后，在警察叔叔的陪同下，跳跳安全回家了。

 三思而后行

如果在校门口遇到坏人威胁你，先不要紧张，要想一下：

1. 他的目的是什么？

2. 如何能避免自己受到伤害？

3. 该怎样向附近的人求助？

1. 走人少的小路。

人比较少的小路，通常是坏人经常出没的地方。我们一定要避免走小路，更不要走又窄又深的小路。

2. 激怒对方。

遇到坏人时，千万不要冲动，不要说"我不怕你"等强硬的话语，更不要做出撕打对方等可能激怒对方的行为，这样不仅不利于脱身，还会让自己陷入更危险的境地。

3. 逞英雄。

有的小朋友，尤其是男孩子，总有一腔热血，认为自己可以成为惩恶扬善的英雄，面对流氓、歹徒的时候，有可能脑袋一热就忘了自己还是个孩子，于是上前与对方搏斗。这样做是很危险的，要知道，小朋友并不是流氓、歹徒的对手，尤其是持械歹徒，更加危险。

1. 冷静应对。

遇到歹徒时，我们先不要慌张，要弄清对方的意图，可以顾左右而言他，尽量拖延时间，想办法逃脱。

2. 向附近的人求助。

如果附近有可以求助的人，例如警察叔叔，要在还未被对方限制自由的时候向能求助的人跑去，寻求帮助。

3. 破财消灾，先保证自己的人身安全。

如果身边没有人帮忙，我们可以把身上的财物交给坏人，然后记住坏人的相貌特征，等安全后再报警。

4. 事后及时告诉老师和家长。

遇到这种事情后，不要默不作声，要及时告诉老师和家长，让大人用正当且有效的方法惩罚坏人。

5. 帮助别人报警。

如果看到同伴被坏人要挟或者袭击，我们不要贸然上前相助，要立刻帮忙报警，让警察叔叔帮忙制服歹徒。

安全小提示

学生在校园外被流氓威胁的新闻时有报道，坏人到处都有，我们在任何时候都不能掉以轻心。我们首先要做的是不给坏人可乘之机。放学后按时回家，随时和家长联系，让家长知道自己的具体情况。上学和放学的路上，最好与同学或者家长同行。如果必须在天黑时外出，也不要单独走在荒凉、偏僻、灯光昏暗的地方，最好随身携带能发出尖叫声的报警器或口哨。

1. 你单独出门时有没有随身携带报警器的习惯？

2. 遇到歹徒，你是否懂得怎样报警？

第二章

教室里那些跟
安全有关的事儿

新文具真好玩，怎么会有危险呢

情景小剧场

课间的时候，小菲在教室里和同桌雅琴玩起了警察抓小偷的游戏。两人一人扮演警察，一人扮演小偷，在教室里互相追逐。不一会儿，小菲被追得无路可逃，跑回了自己的座位，拿起桌上的笔作为防身"武器"。雅琴跑得太着急，脸差点被小菲的笔刺到。

雅琴赶紧往后退，结果又不小心撞到了后面的同学琳琳，而琳琳正好嘴里叼着铅笔，差点弄伤口腔。

上课时，班长把这件事告诉了老师，小菲和雅琴被严厉批评了。

??? 三思而后行

虽然我们每天都使用文具，但是也要想一想：

1. 文具有哪些潜在的安全隐患？

2. 应该怎样做，才能避免自己和他人受到伤害？

这样做，不安全！

1. 把文具当成玩具。

有些小朋友可能会认为，笔又不是刀具，不会造成什么伤害。但是，小朋友每年被笔伤到眼睛等要害部位的事件频发，虽然笔不是利器，但在玩耍中，笔很容易变成伤人的利器。

2. 喜欢用嘴叼着铅笔。

很多小朋友有用嘴巴叼笔的习惯。这是很危险的。尖利的笔尖可能会扎伤口腔、喉咙，甚至危及生命。

3. 拿着文具和同学打闹。

同学们课间喜欢跑跑闹闹，相互追赶，如果手里拿着笔、圆规等尖锐锋利的文具，很容易伤到自己或同学。

 这样做，才正确！

1. 小心使用文具。

在使用圆规、小刀、铅笔等尖锐锋利的文具时，要小心翼翼，用完妥善放置，以免伤人伤己；不要掰尺子玩，如果尺子折断，很容易伤到人；不要手里拿着文具和同学打闹，以免文具伤到自己或他人。

2. 远离有害化学物质超标的文具。

最好不要购买散发浓重香味的荧光笔、水彩笔、橡皮等文具，这些文具中所含的化学物质可能超标，对人体有害；不要玩涂改液，以免涂改液进入眼睛，伤及眼球，也不要把涂改液滴在皮肤上，以免引起过敏反应。

安全小提示

　　文具有时也会成为"隐形杀手"。好多小朋友被笔戳中眼睛或身体其他部位，都是因为使用文具不当、粗心大意。我们千万不要不以为意，一定要正确使用文具。

校园安全指数自测

1. 翻一翻自己的文具盒，有没有香味很浓烈的文具？
2. 你是否有咬铅笔的习惯？
3. 你是不是喜欢拿着锋利的文具跟同学打闹？

上课时想上厕所，可又不敢举手，我该怎么办？

情景小剧场

赫赫班里有两个调皮鬼，他们不好好听课，喜欢在上课时间找借口上厕所。老师上课时被他们打断，没法好好讲课。几次三番之后，老师明白了他们的捣蛋行为，宣布以后上课时间不许上厕所。

可是，这天课上到一半，赫赫觉得肚子不舒服，想上厕所，正要举手申请，突然又想起了老师之前说的规定，便把手缩了回来。

赫赫想来想去，最后选择了先不去厕所，等下课再说。但是，赫赫的肚子似乎不愿意配合，他越来越难受，还没等到下课，就憋不住了……

??? 三思而后行

上课的时候想上厕所，要想一想：

1. 正在上课呢，想上厕所该怎么办？

2. 老师不让上课时去厕所，是完全禁止，还是为了管理个别调皮的学生？

这样做，不安全！

1. 为了做好学生而为难自己。

是不是好学生跟上课时去不去厕所没有直接关系，老师的规定，是针对拿上厕所当借口不好好听课的学生。憋大小便会严重影响身体健康，老师不希望小朋友这样做。

2. 不好意思开口。

很多小朋友比较内向，尤其是刚到一个陌生的新班级，往往不好意思表达自己的想法。

3. 认为憋大小便没什么。

大多小朋友认为憋一会儿，没什么大不了的。这其实是没有认识到这种行为的危害性。憋大小便不仅会让自己难受，还可能引起其他疾病。

这样做，才正确！

1. 要上厕所时举手示意老师。

想上厕所不是一件丢人的事。如果上课的时候想上厕所，可以向老师举手示意，大大方方地表达出来："老师，我肚子不舒服，想上厕所。"

2. 在学校养成良好的大小便习惯。

我们要在学校养成良好的习惯，下课后及时去厕所方便，让自己轻轻松松上课。

3. 学习健康知识，提高安全意识。

要加强学习健康知识，了解憋大小便可能会给身体带来的伤害，例如可能会引发便秘、膀胱炎等疾病。

 安全小提示

　　长时间憋大便，不仅很容易导致便秘，还可能导致肠胃不适，诱发严重的肠胃疾病，引发急性或慢性中毒；憋小便会增加膀胱的负担。另外，大便中含有较多细菌和毒素，长时间憋着会被肠道反复吸收，刺激肠黏膜，增加患病风险。因此，上课时想上厕所，要尽快跟老师申请。

校园安全指数自测

　　1. 你有没有养成良好的排便习惯？

　　2. 你了解哪些健康生活习惯呢？

上课时身体不舒服，
要不要忍到放学回家再和妈妈说？

 情景小剧场

上课时，小米感到身体不舒服，感觉自己头昏脑涨，浑身发冷，总想睡觉。她伸手摸了摸自己的额头，发现额头有些烫，怀疑自己发烧了，心想："好难受啊，要不要告诉老师呢？"

小米忍着不适在心里嘀咕："现在是上课时间，老师说过，上课时间就要认真听课，其他事情要等下课再说……算了，还是等下课再说吧！"

小米这样想着，就打消了向老师报告的念头。但是，她脸色很难看，注意力也不集中，如坐针毡。很快，老师发现了异常，问道："小米，你怎么回事，不好好听课？"

"老师，我有点不舒服。"小米迷迷糊糊地说。

老师看小米脸色不对，走过去摸了摸她的额头："小米，你发烧了！快去找校医看看。"

老师让班长陪着小米去校医院。医生给小米检查之后，给她吃了药。没过多久，小米的烧就退下来了。

三思而后行

如果你上课的时候身体不舒服，要想一想：

1. 上课重要还是身体重要？

2. 如果一直拖着不去看医生，会不会导致严重后果？

 这样做，不安全！

1. 不敢说，等下课。

在课堂上，身体不舒服却不敢说是不正确的。身体不舒服的时候，要敢于说出来，主动请求帮助。

2. 认为老师会不高兴。

有些同学认为"老师最讨厌不好好上课的同学，我要是说了，老师会很不高兴"。听老师的话，确实是学生应该做的，但是，这也要分轻重缓急。老师首先希望的，肯定是学生们都健健康康的。

3. 认为自己可以忍。

小病忍忍可能会变成大病。病情得不到及时控制，很可能引发更严重的疾病。

 **这样做，才正确！**

1. 发现身体不舒服，立刻报告老师。

一旦感觉身体不适，要立刻把实际情况告诉老师。老师也希望同学们这样做。

2.让身边的人知道。

身体不舒服的时候，可能会觉得没有力气，思维不清晰，甚至不能大声说话。这时，如果不方便告诉老师，可以向身边的同学发出请求帮助的信号，让身边的人帮忙跟老师说明情况。

3.帮助身体不适的同学。

如果发现身边有同学身体不适，而老师和其他同学并不知道，我们要及时把身边同学的异常情况告诉老师，帮助生病的同学及时就医。

安全小提示

要牢记一个原则：身体健康比上课更重要！老师说的话要听，但也有特殊情况，比如身体不适。不管在什么地方，身体不适时都要及时寻求帮助。

校园安全指数自测

1. 你身体不舒服的时候，有没有及时就医的意识？

2. 哪些不适可以忍，哪些不适绝对不能忍，你是否能判断？

被老师体罚时，我只能默默忍受吗？

 **情景小剧场**

这天，天气炎热，体育老师教大家排队列。同学们都认真听口令，想尽快完成队列任务，去凉快的地方避暑休息。

可小飞很是怕热，在炎热的夏天他总是心烦意乱，心不在焉。当大家都在认真做动作时，他一次也没做对。而且，他滑稽的动作惹得其他同学哈哈大笑，影响了纪律，还耽误了教学进程。

看到小飞"故意"搞破坏，老师的脾气也暴躁起来。他叫其他同学都回教室休息，罚小飞一个人在太阳底下站着，直到下课为止。

下课时间还没到，小飞感觉头很晕，随即便摇摇晃晃地坐在了地上。

 **三思而后行**

面对老师的惩罚，要想一想：

1. 老师为什么生气，如何平息老师的怒火？

2.老师生气后，过度地惩罚学生，是正确的吗?

 这样做，不安全！

1.硬着头皮接受老师的惩罚。

有的同学认为，老师的惩罚必须要执行完毕，不然老师会更加生气，至于这种惩罚会不会对自己造成伤害，并没有多考虑。就像小飞一样，明知道可能会中暑，还硬着头皮站到太阳底下，这是愚蠢的行为。

2.老师撤销了惩罚，自己却坚持要受罚。

有些老师一时生气，作出了过分的惩罚决定，后来又意识到不对，立即撤销了惩罚。有的小朋友脾气倔强，即便老师撤销了惩罚，却为了自己的"面子"，坚持执行惩罚。

 这样做，才正确！

1.正确理解老师的用意。

通常情况下，老师惩罚学生，是为了维护课堂纪律。老师是不希望我们受到伤害的。我们首先要明白老师的用意，不做调皮捣乱、影响老师上课的事情。

2.及时向老师认错。

如果是自己太过调皮被老师惩罚和批评，可以及时向老师认错。这是最聪明的做法。这样做既尊重了老师，又保证了自己的身体健康。

3. 对于不合理的体罚要敢于和老师沟通。

不管受到任何惩罚，都要保证自己的身体健康不受侵害。如果老师提出的惩罚太过分，例如长时间暴晒、打脸、踢屁股等，我们要敢于和老师进行沟通。如果老师执意要施行，我们可以直接联系爸爸妈妈。

 安全小提示

《中华人民共和国教师法》和《中华人民共和国未成年人保护法》中都有规定，教师不可以对学生实施体罚。所以，如果老师对我们做出体罚的决定，我们要懂得调解、反抗，在学校里遇到自己解决不了的问题，要及时跟父母沟通，让他们帮忙解决。

校园安全指数自测

你是否能分辨什么是惩罚，什么是体罚？

高年级同学总是欺负我，
我可以找朋友打他吗？

土豆所在的班上有个又高又壮的男生叫大壮，大壮总是喜欢欺负人。土豆又瘦又小，活动时总是小心翼翼。最近，大壮盯上了他。有一次，土豆不小心撞到了大壮，被大壮扇了两个耳光。大壮还威胁土豆："下次见到我就绕着走，不然我见你一次打你一次。"

土豆很害怕，走路老是躲躲闪闪，特别害怕再遇到大壮。但是，同在一个班级，怎么可能不遇到？因此，大壮总是找土豆麻烦，还警告他，不要告诉家长和老师。因为害怕被大壮报复，土豆一直没敢把大壮欺负自己的事告诉家长和老师。

土豆找高年级的堂哥去教训大壮，可是堂哥不同意："我是高年级的学生，不能欺负你们低年级的学生。我帮你去告诉老师吧，找老师解决好了。"

土豆开始并不同意，但是在堂哥的陪伴下，还是把事情告诉了老师。最后，老师出面教育了大壮，才避免土豆再受到欺凌。

 **三思而后行**

关于校园欺凌现象，请想一想：

1. 怎样能避免自己被其他同学欺负？

2. 如果被同学欺负了，应该怎么办？

 这样做，不安全！

1. 不敢告诉大人和老师。

有的小朋友害怕被报复，总觉得忍一忍就过去了。其实，很多霸凌者都"欺软怕硬"，如果你表现得怯懦、好欺负、可怜，那对方继续欺负你的欲望便会更强。被欺凌的人不敢反抗、害怕报复，是校园霸凌持续不断的重要原因。

2. 找其他同学帮忙，以暴制暴。

有的小朋友被欺负，会找好朋友帮自己"报仇"，就像土豆一样，认为高年级的堂哥可以帮自己出头。然而，这很容易让事件升级，最后演变成更加严重的校园暴力事件，是不理智的行为。

 这样做，才正确！

1. 不欺负别人，也不允许别人欺负自己。

校园霸凌是一个不断递增的过程，要记住，如果被其他同学欺凌，要在第一次就表现出强硬的一面，比如表现出态度上的强硬、愤怒，让对方知道："我不是好欺负的！"同时，也要严格要求自己，尊重同学，不欺负别人。

2. 让大人帮助解决。

如果遇到校园欺凌，一定要告诉老师和爸爸妈妈，让他们帮忙解决。很多持续不断的校园欺凌，超出了我们的能力范围，必须要交给大人来处理。

同样地，家长在面对孩子的倾诉后，要冷静地正视这件事，不要想着让孩子忍一忍，要理解孩子的处境和感受，帮孩子解决问题，并且后续要留意孩子的心理和精神状态，以及是否还在被霸凌。

3. 暴力升级时要报警。

有些校园暴力事件，已经超出校园欺凌的范畴，这样发展下去，会导致难以想象的后果。这时候，小朋友要及时告诉老师和家长，情况危急时可立即报警，让警察叔叔来帮忙处理。

4. 和更多的同学成为朋友。

在学校里，尽量多和同学在一起玩，和更多的同学成为朋友，不让自己孤立无援，这样的话，那些总喜欢欺负人的同学就不敢欺负你了。

安全小提示

校园欺凌随时都会出现，我们不能欺负别人，也不能被别人欺负！近年来，很多校园欺凌事件是因为当事人处理不当，最终欺凌事件变成了危及人身安全的悲剧。我们一定要保护好自己，也要爱护同学，创造和谐快乐的校园环境。

1. 面对学校欺凌，你知道该怎样保护自己吗？

2. 你是否有随时和父母沟通的习惯，父母是否了解你在学校的情况？

班里许多同学都得了传染病，我还可以继续上学吗？

 情景小剧场

　　最近天气寒冷，小菲班里陆陆续续有人病倒。听说班上同学是因为严重的流感而患病的。流感是会传染的。班主任提醒同学们，要做好防护，并且配合学校的防控行动，如果班里再有新增病例，班级就要停课了。

　　没过几天，小菲也开始打喷嚏、流鼻涕，她以为只是很普通的感冒，就没有去医院做检查，还欺骗老师说她去医院检查过了，确认不是流感。这件事儿很快被同桌琳琳知道了。琳琳跟小菲说："你还是去医院看看吧，不要耽误治疗，也不要让大家有被传染的危险。"

　　小菲说："不用去检查，我肯定不是流感！你不要告诉老师。"

　　琳琳仔细想了想，最后还是决定把事实告诉班主任，后来班主任要求小菲去医院检查，结果真的是流感。

如果学校里出现了传染性疾病，请你认真想一想：

1. 应该怎样做，才能避免自己被传染？

2. 如果自己已经被传染，应该做什么才能防止其他人因为自己受到伤害？

 这样做，不安全！

1. 对疫情不重视。

如果学校里出现了传染性疾病，我们一定要提高警惕，避免和有症状的同学接触，不要将自己置于危险的境地。

2. 隐瞒自己的病情。

如果自己出现了相关症状，要及时去医院检查，确定是否患上传染性疾病，不要抱着侥幸心理，而像小菲一样隐瞒病情。当然，帮助别人隐瞒病情也是不负责任的。

3. 被确诊了还回学校上课。

有些小朋友会认为什么时候去上学是自己的自由，即便是生病了也不愿意在家好好养病。我们要记住，为了自己和别人的健康，应该听取医生的建议，能否回校要根据疾病性质、治疗情况而定，不能擅自回校。

1.听从老师的安排。

校园内有传染性疾病传播时，最重要的一点是听从老师的安排，遵守学校的防疫规定，按时测量体温、佩戴口罩。

2.发现传染病症状立即报告老师。

如果发现身体有异常症状，要报告老师，并且及时去医院做相关检查。另外，如果发现其他同学有传染病症状，也应立即报告老师。

3.被感染后主动避免与同学密切接触。

如果自己已经被感染，应该积极配合学校防控，为了大家的健康安全，主动避免与同学密切接触。

4.配合相关的救治措施。

我们要记住，一旦确诊传染疾病，应该采取相关的救治措施，比如主动戴口罩、接受适当隔离等。

安全小提示

传染性疾病危害极大，如果没及时控制，会使很多人受到伤害。因此，我们要重视这一点，就像我们国家重视新冠疫情一样，一切行动听指挥。防治传染病，并不只是一个人的事，需要每个人的配合，要及时防控，采取正确的治疗和防控措施。

1. 你是否有足够的传染病防控意识？

2. 如果自己或者身边的人出现相关症状，是否懂得怎样处理？

第三章
走廊、楼梯与操场

走廊不就是走路玩耍的地方吗？
为什么老师不让这么做？

下课了。小米对小菲和琳琳说："我们去玩跳皮筋吧！"

"外面正在下雨呢！"小菲向窗外看了一眼，"要不我们就在走廊里玩吧！"

"被老师发现会挨批评吧。"琳琳担心被老师知道。

"没关系，我们就玩十分钟，老师不会看见的。"

很快，三个人在楼道里玩起了跳皮筋，而丁丁这个时候也在走廊里踢起了足球。因为下雨，大家不能到外面去玩，因此走廊上人很多。忽然，丁丁不小心把球踢偏了，足球直直地往小米她们飞去。

小米急忙大喊："哎呀，球来了！"说着，她赶紧往后退，一不小心撞到了后面走廊扶手上的同学。那位同学没有防备，重心不稳，差点摔了下去，还好身边的人反应快，抓住了那位同学的衣服，才没有酿成大祸。

 三思而后行

在教学楼走廊上，不要掉以轻心，要想一想：

1. 学校高楼层走廊上可能藏着什么安全隐患？

2. 你知道在走廊上行走需要注意什么吗？

 这样做，不安全！

1. 在走廊追逐打闹。

教室外的走廊，是同学们每天要经过的地方，很多小朋友喜欢在走廊里玩耍，但是，走廊狭窄，人多时很容易撞到墙上或者碰到其他同学。走廊是大家进出教室的通道，不是课间活动的地方，因此不要在走廊里追逐、打闹，也不要跳绳、踢毽子。

2. 攀爬走廊护栏。

很多小朋友喜欢攀爬走廊护栏。走廊护栏是用来保护我们安全的，不是同学们的攀爬道具。随意攀爬护栏，很容易掉下去！

 这样做，才正确！

1. 在走廊行走注意安全。

在走廊内行走时要注意安全，不要在走廊上奔跑、打闹，尤其是雨雪天，走廊可能会变得湿滑，此时在走廊上行走要更加注意安全。

2. 及时制止其他人的危险行为。

看到有同学在楼道里玩跳绳、踢毽子、踢足球、追逐打闹时，要及时阻止，告诉他们这样做的危险性。如果他们不听劝告，必要时可以报告老师。

安全小提示

学生在学校走廊失足坠落的事件时有发生，除了学校安全设施布置得不够齐全外，还有一部分是因为学生的危险行为导致的。因此，除学校要完善硬件设施外，小朋友也要提高安全防范意识，不要在有危险的地方追逐打闹。

校园安全指数自测

1. 你是否有在走廊玩耍、攀爬的坏习惯？
2. 课间的时候，有哪些更安全的课外活动可以做？

有同学在楼梯上追逐打闹，
我要不要制止他们？

情景小剧场

这天，豆豆和小米早早就到了学校。因为无聊，他们俩放下书包开始在楼梯上追逐、玩耍起来。

同学们开始陆陆续续来到学校，上下楼梯的同学越来越多，可豆豆和小米还在玩闹。他们一边追逐，一边围着上下楼梯的人群绕来绕去。结果，豆豆一不留心踩空了，整个人从楼梯上摔了下去，不仅弄得鼻青脸肿，还把脚崴到了。

豆豆感觉浑身都疼，坐在地上哇哇大哭。

??? 三思而后行

虽然我们每天都要上下楼梯，但是要想一想：

1. 楼梯上会有哪些安全隐患？

2. 在楼梯上要怎样做，才能避免自己发生意外？

这样做，不安全！

1. 把楼梯当成滑梯。

有的小朋友会把楼梯当成滑梯，而且玩起来忘乎所以，越玩越疯，于是就忘记了安全问题。但是，从楼梯扶手上滑下来是非常危险的，很容易摔倒，导致自己受伤。

2. 在楼梯上追逐打闹。

在楼梯上打闹也是很危险的，不仅可能伤到自己，还可能撞到别人，导致其他人受伤。

3. 看到其他人在楼梯上玩耍也加入其中。

有的小朋友看到别人在楼梯上追逐，也加入"上上下下，左左右右"的追逐游戏。殊不知，人多更加混乱，出意外的概率更高！

这样做，才正确！

1. 除了必要通行外，不在楼梯上停留。

要记住，除了每天正常上课下课必须经过楼梯，其他时间不要在楼梯上逗留。要知道，楼梯的作用是方便我们行走，而不是让我们疯狂地跑上跑下。

2. 及时阻止同学们在楼梯上玩耍。

如果发现其他小伙伴在楼梯上玩耍，一定要及时阻止，让他们了解在楼梯上玩耍的危险，以免小伙伴们发生意外事故。

3. 对危险区域要有清楚的认识。

要对学校里的危险区域有清楚的认识。跟楼梯一样，在学校的很多危险区域，我们都不应该停留，更加不应该追逐打闹。

 安全小提示

学校的楼梯处贴着很多安全标语，例如"上楼下楼不打闹""下课之后请慢走，追逐打闹不安全"等。这些标语提醒我们，楼梯属于危险地带，不可以在楼梯上玩耍、打闹。

校园安全指数自测

1. 你有没有在楼梯上玩耍的坏习惯？

2. 除了走廊和楼梯，你是否还知道学校里其他的危险区域？

做运动之前，为什么一定要热身呢？我身上也不冷呀

情景小剧场

今天体育课的运动项目是小米最拿手的篮球。小米非常兴奋，从上午开始就非常期待了。体育课上，老师让同学们先做热身运动，可小米却觉得这完全没有必要，想要略过这一过程。

同学提醒小米说："热身运动要认真做，这样可以防止受伤。"

小米却傲娇地说："我才不用做热身运动呢，不会打球的人才要做。"

小米觉得自己篮球技术高人一等，所以很喜欢炫耀球技，比如模仿电视上的篮球明星，做很多高难度动作。这个时候，小米正要来个跨步上篮，没想到发力过度，拉伤了腿部肌肉，痛得坐到地上，连动都不敢动，最后老师指挥几个热心的同学把他抬下了球场。

??? 三思而后行

在运动之前，要思考一下：

1. 为什么运动之前要热身？不热身有什么危险？

2. 如何正确做热身运动？

3. 运动后，怎样做拉伸？

 这样做，不安全！

1. 没有"运动可能会受伤"的意识。

对热身运动不重视的态度，实际上是没有运动受伤的风险意识。忽略运动前的热身，可能会导致肌肉酸痛、关节疼痛等身体不适。

2. 认为自己技术好，不用热身。

很多小朋友像小米一样，觉得自己球技这么好，没有必要做什么热身。但是，做热身是为了打开身体各部位的运动机能，防止运动时受伤。无论技术好坏，都需要做热身运动。

3. 热身环节，随便应付。

很多小朋友知道运动前要热身，但是总"偷工减料"，或者因为老师盯着，所以才随便动一动。很多小伙伴在运动中受伤，并不是没做热身运动，而是热身运动做得不到位。随便应付热身运动，不能达到拉伸肌肉、促进身体协调的效果。

 这样做，才正确！

1. 养成科学的运动习惯。

无论什么时候，都要养成科学的运动习惯，运动前做好热身。另外，如果身体不舒服，就不要参与运动。

2.穿运动服和运动鞋。

在学校运动时，要提前把运动衣和运动鞋穿好，不要穿有尖利装饰的衣服，校徽、发卡这样的物品在运动前先取下来。

3.虚心接受同学的提醒。

对于小伙伴的热身和拉伸提醒，我们要虚心听取，要知道，这并不是贬低我们的运动能力，而是善意的提醒。正确的做法是感谢对方的提醒，并认真地做好热身运动。

4.运动之后适当拉伸放松。

运动之后，很多小朋友会直接休息，结果第二天浑身酸痛，十分难受。其实，运动之后应该做适当的身体拉伸，例如拉伸胳膊和腿部肌肉，防止第二天身体不适。

运动前热身可以提升肌肉温度、加快血液循环、降低受伤概率，是很有必要的。另外，做热身运动还可以提高我们的运动效率。除了热身，运动前还有很多要注意的事情，例如不能吃太饱；所有的运动要循序渐进地进行，从简单的开始做，然后再做有难度的动作。

校园安全指数自测

1. 你有没有养成良好的运动习惯？

2. 运动之后，你是否懂得如何放松身体？

不上体育课时，就不能玩体育器材了吗？

情景小剧场

"丁零零，丁零零"，下课铃响了。同学们像一只只被释放的小鸟，冲出教室玩耍。

忽然，一声尖叫把大家吓了一跳。小飞用手紧握住自己的手腕，似乎是受伤了。听到消息的老师急忙赶来询问情况。原来是刚才几个同学玩实心球，没有注意到小飞，不小心砸到了他的手腕。

老师将小飞送到了校医院，并且严肃批评了那几个玩实心球的同学。发生这件事后，同学们老实了许多，不敢再玩危险的游戏了。

三思而后行

在学校课间玩游戏的时候，要想一想：

1. 这个游戏有没有危险？

2. 如何避免在玩游戏的时候受伤？

这样做，不安全！

1. 只顾好玩刺激，不顾危险。

很多小朋友缺乏安全意识，只顾好玩不好玩，不管安全不安全。这样只会让自己面临危险，而发生意外是最不好玩的事情。

2. 搞恶作剧。

在玩游戏的时候，很多小朋友喜欢搞恶作剧，比如把同学的椅子偷偷拿掉，让同学摔个屁股蹲；或者拿虫、蛇等可怕的东西吓唬同学，并且一定要真的吓唬到同学才算成功，甚至，同学已经遭受惊吓还不收手。这样做，忽视了被恶作剧的同学的感受，还可能会给他们自己带来危险。

3. 对同学穷追不舍。

有的同学喜欢在课间追赶其他同学，但有的同学可能因为躲避而慌不择路，发生意外，比如被追赶的同学可能会因为不想被抓住，而一时着急，从楼梯上跳下去。

 这样做，才正确！

1. 不对小伙伴搞恶作剧。

有的小朋友认为，恶作剧只是开个玩笑而已，但是，一切玩笑要以安全为前提！不应搞恶作剧，同学之间应友好相处。

2. 不玩暴力玩具。

暴力玩具有很多，比如弹弓、弓箭、能发射子弹的玩具枪等，这些都是很危险的！玩这些玩具，很可能会伤到自己和别的同学。所以，我们千万不要玩有危险性的玩具。

3. 不模仿危险动作。

我们经常从电视上看到很多危险动作，比如有的人嘴里可以喷火，超人可以在天上飞，等等。要明白，那些都是电视效果，都是危险的动作，千万不要盲目模仿，否则很容易受伤。如果小朋友想知道为什么电视里的人这么厉害，可以查阅一些资料，或者请教老师和爸爸妈妈。

4. 不随便打闹。

小朋友的身体协调能力还很差，在打闹时，可能会无意间伤害到自己和其他小朋友。而且，哪怕是开玩笑的打闹，最后也可能因为某一方觉得自己吃亏了而演变成打架。

你有没有把同学的椅子抽走过？如果你这样做过，从现在开始可要改正了。你把同学的椅子抽走，他很容易摔倒、磕碰到身体，还有可能发生一些意想不到的事故。

在做游戏前，一定要考虑安全问题，不开过火的玩笑，不做危险的动作。在日常生活中，选择健康的书籍、影视剧，不盲目模仿高难度动作或危险动作，让我们的身心都能健康成长。

同学要我和他一起逃课、
翻墙出去玩，我要不要去呢？

 情景小剧场

周一，大壮磨磨蹭蹭地不想上学，他想去周末去的那个游乐场玩。妈妈问他是不是身体不舒服，大壮当然不敢说实话。妈妈认为大壮是想偷懒，批评了他几句，把他送进了学校。

在课堂上，大壮没有心思听课，一门心思想去游乐场玩。第一节课的课间，大壮偷偷拉着同桌柯北说："我们去游乐场玩吧，可好玩了！"

柯北听了有些心动，但是又怕被老师发现。大壮讽刺地说："看你那个胆小的样子，真没出息！"柯北被刺激到了，一时冲动答应了。

于是，两个人趁着下课，偷偷往校门口跑，结果刚到校门口，就被保安赶了回来。于是，两个人又跑到了学校围墙边，想要翻墙出去。

但是围墙太高，他们根本爬不上去。于是，大壮让柯北蹲下，他踩着柯北的背往上爬，费了九牛二虎之力，大壮终于爬上了围墙，他大着胆子往下一跳，只听"啊！"的一声惨叫，大壮的腿摔伤了。

柯北吓坏了，也不敢爬围墙了，赶紧找来老师，把大壮送去了医院。

 三思而后行

想要逃课去玩耍，一定要想一下：

1. 作为学生，逃课是对的吗？

2. 这样做会带来什么后果？

这样做，不安全！

1. 觉得翘课好玩。

有些小朋友觉得翘课好玩，总是想方设法不上学。其实，这是很不正确的想法。想要玩耍的话，可以在周末或者节假日痛痛快快地玩。

2. 觉得翘课是很酷的行为。

总有一些小朋友，叛逆心很重，认为翘课是很酷的表现。事实上，这是很愚蠢的行为。翘课不仅会让老师和父母担心，还可能给自己带来危险，例如会像大壮一样受伤，或者在校外遇到其他危险。

3. 追求"自由"。

自由是在遵守规则的前提下，做好自己该做的事情，而不是在应该上课学习的时候翘课。

这样做，才正确！

1. 上课时间认真上课。

适宜的时间做适宜的事情，才是正确的做法。上课的时间就应该认真上课，不应该做其他事情。

2. 即便不想上课，也不要出校门。

如果出于某些原因，你不想在教室里上课，也不能因此翻墙或通过其他方法离开校园。校门之外的世界远远比校园内危险得多，一定不要让自己陷入校外的危险之中。

3. 家长要了解并且引导孩子。

孩子有了厌学、逃学的想法，家长要及时跟老师沟通，了解孩子在学校的表现，及时跟孩子沟通，发现孩子厌学的真正原因，正确地引导孩子。

安全小提示

很多小朋友都有过厌学的情绪，想方设法地逃避学习，例如有的小朋友喜欢上课的时候频繁上厕所，有的小朋友直接选择逃课，等等。家长和老师面对这些同学，除了头疼外，还很担心，尤其是担心小朋友们的人身安全。因此，我们要记住，为了让爸爸妈妈放心，千万不要翘课，更不可以私自离开学校！

📢 **校园安全指数自测**

1. 你是否也会有不想上课的想法？

2. 如果有不想上学的想法，你会和父母老师沟通吗？

如果学校里发生了踩踏事故，我该怎么办？

 **情景小剧场**

这天，放学铃声一响，同学们都争前恐后地冲出教室，一时间，楼梯间挤满了人。

"慢点儿！大家慢点儿，排好队。"老师的话还没说完，小米就跑在最前面，边跑边喊："冲呀！"有好几个同学在小米的鼓动下也跑了起来，冲向了拥挤的楼梯间。

在跑向楼梯的时候，小米还把柯北撞倒了，柯北差点被其他人踩到。好在老师在旁边，他护住了柯北。最后，在老师的大声呼喊下，同学们才恢复了秩序。事后，老师批评了小米，小米也跟柯北道了歉。老师强调："记住了！下楼时不要跑，不要挤，也不要推！"

??? 三思而后行

在学校参加集体活动或者放学高峰期时，要想一想：

1. 拥挤踩踏事件会带来哪些危险？

2. 遇到拥挤踩踏事件，该怎么做？

这样做，不安全！

1. 不想排队，抢着先走。

很多同学放学以后，想要抢先回家。人人都这样想的话，大家都会卷入拥挤的人流，很有可能造成踩踏事件。

2. 乱挤、乱撞。

当人流量很大的时候，千万不要因为急于出去而乱挤、乱撞，否则很可能会推倒他人，甚至发生踩踏。为了避免被推倒，应该慢慢前进，尽量走在人流边缘。如果鞋子掉了、鞋带松了或者东西掉了，也不要马上弯腰蹲下或坐下，应该先站稳，不要让身体失去重心，等身边不拥挤的时候再处理。

3. 煽动大家一起跑。

人多的场合，小朋友们最经不起煽动了。如果有人煽动，很有可能造成更大的混乱。

4. 忽略他人的安危。

有些同学总想着自己赶紧走，却不考虑别人，甚至想着别人被撞到，总比自己被推倒好。人多的时候场面容易失控，不顾他人的安危会增加踩踏风险。

 这样做，才正确！

1. 遵守秩序，自觉排队。

任何场合都要遵守公共秩序，自觉排队，这样可以有效避免踩踏事故。

2.不被其他同学煽动。

难免有那么几个同学喜欢挤来挤去，还煽动大家一起挤。这时候，我们要镇定，不要被鼓动，否则会让局面更加混乱。

3.停下脚步，不要被绊倒。

如果队伍中有同学摔倒，要及时停下脚步，同时大声呼叫"全都停下，有人摔倒了"，用这种方式告诉后面的同学不要往前挤。

4.听从老师指挥。

面对混乱的局面，老师都会出面维持秩序，这时听老师指挥就好了！一切以老师的指挥为准，听老师的安排，有序地排队撤离，才是最安全的做法。

除了学校，商场、影院、车站等人群密集的地方，也容易发生踩踏事件。人群比较拥挤时，一定要防止踩踏事件的发生！没有秩序就很有可能会造成踩踏，造成人员伤亡。新闻报道过很多踩踏事件，据统计，95%的踩踏事故发生在上下楼梯时。所以，楼梯拥挤，不能推搡，不要奔跑，除了保证自己不摔倒外，还要留意上下楼的人是不是很多、有没有人摔倒、前面有没有人弯腰系鞋带等情况。只有每个人都遵守秩序，才能维护好公共安全。

校园安全指数自测

1. 你在放学的时候，属于没有耐心着急回家的人吗？

2. 在上下楼梯的时候，有没有遵守秩序的意识和习惯？

PART4

社交安全

社会交往是有风险的，通常情况下，成年人知道如何处理这些风险，但是，小朋友们年纪小、经历少，在社会风险面前显得尤为脆弱。因此，我们要学习如何在社交过程中保护自己，不要让自己受到伤害。

第一章
保护
我们的身体

在外面遇到陌生人摸我，我该怎么办？

　　有一天，妈妈发现琳琳走路姿势很奇怪，一问才知道，是琳琳大腿内侧的隐私部位不舒服。妈妈赶紧陪她去医院检查。

　　医生检查之后发现，琳琳的下体有瘀伤。医生告诉妈妈，琳琳已经不是第一个出现这种情况的孩子了，最近一个月有好几个小女孩，都有和琳琳差不多的情况。医生建议妈妈好好询问下到底发生了什么事，并且告诉妈妈，有必要的话可以报警。

　　妈妈很惊讶，耐心地跟琳琳沟通，琳琳才把自己的经历告诉妈妈。原来，琳琳有一次在图书馆看书时，邻座一个叔叔强行摸自己，琳琳很害怕，但又不知道怎么办。琳琳妈妈了解事情原委后，立即报警，同时带琳琳去看了心理医生。妈妈安抚并告诉琳琳："每个人都有不允许别人触碰的隐私部位，以后一定要保护自己，如果遇到坏人，要及时告诉爸爸妈妈或者老师。"

　　请认真思考一下：

1. 身体的哪些部位是隐私部位？

2. 如果遇到别人触碰自己的隐私部位，应该怎么办？

 这样做，不安全！

1. 没有保护隐私部位的意识。

有的小朋友没有保护自己隐私部位的意识，并不知道隐私部位被触碰的严重性，很容易受到伤害而不自知。

2. 认为隔着衣服触碰就没有关系。

隔着衣服触碰隐私部位也叫侵犯，也可能会受伤。

3. 被侵犯了不敢声张。

很多小朋友遇到这种事情时非常害怕，但又不知道该怎么办，甚至还会觉得这是羞耻的事情，不知道该如何跟爸爸妈妈开口。有的小朋友会因为害怕而不敢声张，甚至会觉得是自己犯了错，告诉别人会让别人看不起自己，爸爸妈妈也会怪自己。要知道，做错事情的是坏人，而不是你，千万不要怪自己，更不要不敢声张。

 这样做，才正确！

1. 了解防性侵的安全知识。

从现在开始，要多了解防性侵的安全知识，要明白，除了内裤内衣盖住的部位，我们的唇、胸、脖颈、大腿等都是不能触碰的隐私部位。

2.建立身体底线意识。

"身体隐私部位绝对不能被触碰，这是底线。"底线意识是保护自己的前提，我们要明确隐私部位绝对不能被任何人触碰。一旦有人要做出触碰你的隐私部位的举动，不管对方是谁，你都要提高警惕，明确拒绝，避免被进一步伤害。

3.隐私部位被触碰，立刻拒绝并勇敢求助。

如果有人触碰你的隐私部位，不管对方是有意还是无意的，一定要明确拒绝，并且及时向外界求助，一定要勇敢地告诉父母或者老师。只有求助才能获得帮助，把伤害降到最低。

4.熟人、亲人也不可以。

隐私部位是任何人都不能触碰的，我们要牢牢记住这点。这里说的"任何人"可以理解为所有人，包括学校的老师、家里的亲人等。我们身体的隐私部位，任何人都没有触碰的权利。

 安全小提示

隐私部位被强行触碰，可能会受伤、出血，严重的时候还可能影响以后的身体健康。另外，还可能带来心理创伤，影响正常的生活。

除了私密部位外，如果有些人触碰你身体的其他部位，比如手背、后背、屁股、大腿等，你也有权利阻止和拒绝，而且，无论伤害你的人是谁，都要勇敢地说出来。

1. 你知道身体的哪些地方是私密部位吗？

2. 任何人触碰你的隐私部位，都可能是侵犯吗？

经常来家里的叔叔总是摸我的腿，我该怎么制止他？

情景小剧场

最近，社会新闻报道了小朋友被性侵害的事件，妈妈为了以防万一，向可可灌输了很多安全知识。但是可可却不以为意地说："放心吧，妈妈。我很乖，不会乱跑，也不会让陌生人靠近。而且，我身边的同学、老师，都是好人。"

妈妈看着可可漫不经心的态度，严肃地告诉她："坏人可不会把坏字写在脸上，任何人都有可能是性侵小朋友的坏人。"

可可疑惑地问："难道老师也可能是坏人吗？医生也可能是坏人吗？"

妈妈说："侵害小朋友的坏人可能是各种职业的人，也可能是各种年龄的人，甚至，也可能是我们身边亲近的人，所以，自己一定要提高警惕。"

??? 三思而后行

不要以为性侵害离自己很远，一定要想一想：

1. 职业、年龄是判断好人与坏人的标准吗？

2. 只有陌生人才是可能侵害小朋友的坏人吗？

 这样做，不安全！

1. 认为老人和小孩不会侵犯自己。

性侵者是不分年龄的。当身边的异性有不礼貌的举动时，即使对方是老人或小孩，也需要防范。

2. 认为有正当职业的人不会做坏事。

性侵者是不分职业的。很多性侵者都有体面的工作，甚至从事的是受人尊敬的职业。职业只是一个面具，面具下有可能是好人，也有可能是坏人。

3. 对熟人毫无防备。

很多小朋友认为，只有陌生人可能侵犯自己，如果是熟悉的人，就不必防备。恰恰相反，很多性侵害都是熟人作案，甚至被侵犯后，小朋友不敢告诉爸爸妈妈，因此让自己受到更多的伤害。

 这样做，才正确！

1. 警惕任何对自己图谋不轨的人。

跟任何人接触的时候，一旦发现对方图谋不轨，就要及时制止并大声求助。

2. 建立与熟人交往的基本原则。

有的小朋友听到熟人也会作案后，非常紧张，其实这也没必要。我们相信，大部分人都是好人，但是也不排除有人可能会伤害自己。因此，在与熟人相处的时候，要遵循一定的原则：不能有不必要的肢体触碰，更不能有亲密的身体接触。如果熟人不遵守交往规则，触碰到你的底线，一定要第一时间告诉父母，寻求父母的保护。

3.无论男孩还是女孩都要树立防性侵的意识。

不光女孩需要树立防性侵的意识，男孩在日常生活中也要有相关的意识。如果某个人对你做出的行为让你觉得不舒服，要及时告诉爸爸妈妈，不要认为自己是男孩，就没有这方面的顾虑。

4.不可以触摸别人的隐私部位。

有些不怀好意的人，可能让你触摸他的隐私部位，这时，可以大声拒绝，并且迅速跑开。

儿童性侵案中，有相当一部分是熟人作案。很多儿童侵害案，都是因为孩子疏于防护，甚至被侵害还不知道。

小朋友如何判断自己被性侵？这里有两点标准可以参考：第一，身体隐私部位（内衣、内裤遮盖的地方）是否被触摸；第二，身体、心里是否感觉不舒服。小朋友可以根据这两点来判断，而不是根据他（她）是谁、对自己好不好、人品怎样等这些主观想法来判断。

社交安全指数自测

1. 你是否会通过年龄、职业来判断一个人的好坏？

2. 是否知道哪些动作或相处方式会让你感觉不舒服？

爸爸喝醉后就会打我和妈妈，我可以报警抓他吗?

晓宇是刚转学来的小学生，班主任发现，晓宇很胆小，不爱说话，也不出去和同学玩耍，而且，他好像特别害怕放学，每次放学，别的同学都是争先恐后往学校门口跑，晓宇却总是磨磨蹭蹭，等所有人都走了，才慢慢离开教室。

一开始，班主任以为他刚来不熟悉环境，可是连着好几个月过去了，他还是独来独往，没有一个朋友。班主任想要帮助晓宇融入集体，每次集体活动的时候，都刻意关照晓宇，想要带动他。可是，晓宇仍然不为所动。

这天的集体活动是跳高，大家都在排队，但是晓宇却一直往后躲，轮到晓宇的时候，他还是不愿意去跳。老师催了半天，大家也都看着晓宇。最后，晓宇竟然哇得一声哭了。班主任来询问情况。晓宇说腿疼。

班主任卷起晓宇的裤腿，被晓宇腿上红一块紫一块、大大小小的伤痕吓到了。在班主任一再的追问下，晓宇才说，这些伤痕都是爸爸生气的时候打的。

原来，晓宇爸爸工作不稳定，还总是喜欢喝酒，每次喝完酒就和妈妈吵架，吵架的时候都会打妈妈。当晓宇去保护妈妈的时候，爸爸还会打晓宇。等到酒醒了，爸爸又会请求妈妈和晓宇的原谅。因为爸爸没有稳定的工作，所以只有他有时间接晓宇，这也是为什么晓宇害怕放学。

老师问晓宇为什么不报警，晓宇回答，妈妈说爸爸只是喝醉了，以后会改正的。

 三思而后行

如果遇到家庭暴力的情况，要认真思考一下：

1. 你知道什么是家庭暴力吗？

2. 如果遭遇家庭暴力，应该怎样做？

这样做，不安全！

1. 认为这是正常的教育方法。

有时候，如果我们太调皮，爸爸妈妈的教育方式会比较严厉，但是，再严厉的教育方法，都不应该以暴力的方式来呈现。偶尔的拍拍屁股和真正的家庭暴力有本质区别，我们一定不要"自我安慰"。

2. 一味忍耐。

因为我们力量太弱小，面对的又是自己的家人，很多小朋友在遭受家庭暴力的时候，会选择默不作声，一直忍耐。其实，一味的忍耐，只会助长家庭暴力实施者的气焰，让其更加肆无忌惮，从而给自己带来更大的伤害。

3. 硬碰硬。

有的小朋友性格比较刚硬，有想要保护妈妈的心理，在面对家庭暴力的时候，可能会一时冲动，跟家庭暴力实施者硬碰硬。而小朋友和大人的力量悬殊太大，这样的做法，很容易激怒对方，让自己遭受更严重的暴力。

1. 坚决报警。

要知道，家庭暴力只有零次和无数次的区别，一旦家里有人实施了家庭暴力，不要指望他们能自己改正。遇到家庭暴力，我们要记住，坚决地选择报警，警察叔叔会保护我们的。

2. 远离施暴者。

如果因为各种原因不愿意报警，那么我们也要想方设法远离施暴者，求助其他亲人，甚至是求助老师，要努力尝试多种方式，远离施暴者。

家庭暴力对儿童的危害巨大。科学研究表明，长期遭受家庭暴力的儿童，常会伴随自卑、自我厌恶等负面情绪，甚至影响成年后的人格。而更为严重的是，甚至有儿童因家庭暴力而死亡。

《中华人民共和国未成年人保护法》明确规定，禁止任何人对未成年人实施家庭暴力。2016 年 3 月 1 日，《中华人民共和国反家庭暴力法》开始实施，对家庭暴力的定义、预防、处置、人身安全保护令和法律责任等作出规定，对遭受家庭暴力的儿童给予特殊保护。我们一定要记住，家庭暴力是违法的，让自己不被家暴，是有法可依的，千万不要默默忍耐了！

📢 **社交安全指数自测**

1. 你能区分哪种行为是正常教育，哪种行为是家庭暴力吗？

2. 你是否熟知反家庭暴力的相关法律规定？

聊得很好的网友约我见面，
我可以单独赴约吗？

  云朵性格内向，不太爱说话，平时也没几个朋友。渐渐地，她迷上了网上聊天。云朵觉得与网友交流比现实生活中与人交流要自在很多。云朵把大量的课外时间都用来上网聊天，手机几乎不离身。

  有一个网名叫"追梦"的网友，特别能聊，每次云朵和他聊天，都被他逗得特别开心。前几天，"追梦"忽然提出想要和云朵见面，而且见面的地点还在外地。云朵犹豫了很久，不知道该不该答应。她虽然很想跟"追梦"进一步认识，但是又不敢独自去。她想要人陪，却不敢告诉家人，怕爸爸妈妈骂自己。

  云朵把自己不敢一个人去赴约的情况告诉"追梦"。"追梦"很不高兴，认为云朵不相信他。

  "算了，先见了再说。"云朵一咬牙，决定周末去见他。周末，云朵正收拾东西的时候被妈妈发现，妈妈一再追问，云朵才承认是去见网友。妈妈没有责备云朵，而是在网上以云朵的口吻邀请"追梦"来这个城市见面，并且说要带朋友一起见他，结果"追梦"却以各种理由推脱，再也不提见面的事情了。

三思而后行

如果陌生网友约你见面，思考一下：

1. 应不应该见面？

2. 怎样才能避免自己发生意外？

这样做，不安全！

1. 分不清网络世界与现实。

很多小朋友分不清网络世界和现实，把网络上的人想象得太过美好，而事实上，网络世界是虚拟世界，人与人之间的互动非常有限，无法确认对方的真实面貌、年龄、性别，以及对方的人品。所以，一定要对网络上认识的人加强警惕，不要轻易相信。

2. 不懂拒绝。

面对网友提出的要求，很多小朋友不懂拒绝，怕自己拒绝以后，对方会生气，以后可能会失去一个朋友。其实，真正的朋友不会因为被拒绝而生气。在这种不确定的情况下，我们要把安全放在第一位，拒绝见面为好。

3. 瞒着爸妈与网友见面。

单独约见网友十分危险，一定不能瞒着爸妈与网友见面。

 **这样做，才正确！**

1. 不随便在网上交"朋友"。

小朋友缺乏社会经验。网络上情况复杂，很多小朋友无法分清好人与坏人。很多坏人会在网络上伪装成好人，伤害我们。与其在网络上交朋友，不如多与同学交往，与老师谈心，把精力用在学习上，多参与集体活动，现实生活充实了，就不会再想着在网上交朋友的事情了。

2. 坚决不约见面。

跟网友见面听起来挺有意思，却十分危险，我们要记住一个原则，坚决不做危险的事。我们要做一个负责任的人，不让爸爸妈妈担心，无论对方是谁，我们坚决不约见面。

3. 在爸妈的陪伴下约见面。

如果真的非常想和网友见面，那一定不要自己单独去，必须第一时间让爸爸妈妈知道，由爸爸妈妈或其他成人陪同。这样，如果对方是坏人，我们就能及时应对。见面地点最好选择在人多的公共场所，这样，遇到突发情况时可以求助周围的人。

安全小提示

每年都有因为见网友而发生意外的事件，其中也不乏未成年人。大多意外事件都是因为轻信网友，从而引发严重后果。喜欢交朋友没有错，但是网络世界毕竟不是现实，在网上交友要慎之又慎。如果要见面，千万不要擅自做主，一定要好好考虑是否有必要。即便是见面，也不要单独前往，把自己置于险境。

社交安全指数自测

1. 你是否有在网上交友的习惯？

2. 面对网友邀约，你是否有万全应对之策？

陌生人很诚恳地请我帮忙，他们也会是坏人吗？

 情景小剧场

这天，可可快到学校的时候，突然有一个老人拦住她说："小朋友，我迷路了，请问公交车站怎么走，你能带我去吗？"

可可想起来老师教导小朋友要乐于助人，正要帮忙带路，转念一想："不对呀！妈妈说过，大人应该找大人帮忙，路上这么多大人，为什么要找我一个小孩呢？"可可脑袋瓜转了转，灵机一动，跟老人家说："我也不是很清楚，我可以叫警察叔叔带你去，你稍等一下。"

谁料，老人忙说："不用了，我想起来怎么走了。"话还没说完，就转头走开了。

??? 三思而后行

面对陌生人求助，一定要想一想：

1. 街上这么多人，对方为什么要找一个小孩帮助？

2. 如果有人向你寻求帮助，应该怎样做才能避免自己落入坏人的圈套？

这样做，不安全！

1.轻易相信别人。

小朋友防范意识不足，容易相信别人的花言巧语，这是很危险的。俗话说，害人之心不可有，防人之心不可无。我们要记住，千万不要轻易相信别人，尤其是陌生人。

2.不懂得拒绝陌生人的求助。

乐于助人没有错，但要量力而行，并且要以保证自身安全为前提。小朋友的能力有限，面对陌生人的求助，一定要懂得拒绝。

 这样做，才正确！

1.警惕陌生人。

在学校和家以外的地方，应该处处小心，切莫轻信陌生人的话。可疑的人会用各种各样的理由来"忽悠"小朋友。很多坏人都是"披着羊皮的狼"，他们表面弱小、温和，但内心凶狠，别有所图。面对陌生人的求助，千万要提高警惕，不要相信他们，更不要跟陌生人走。

2.不独来独往。

平常外出，尽量跟父母、同学、朋友一起，不要独来独往，多一个人，就多一分安全。万一有意外情况，也有人商量，防止自己头脑一时"短路"被坏人利用，而且，结伴而行，也能降低被坏人盯上的概率。

 **安全小提示**

　　我们永远要对陌生人保持警惕。遇到陌生人求助的时候，不要慌张，千万不要轻易答应他们，也不要跟他们走。学会冷静对待，多问几个为什么。不要过于相信别人的话。牢记一个原则，宁愿错过帮助一个好人，也不要让自己身处危险当中！

社交安全指数自测

　　1. 面对陌生人的求助，你是否能做出正确判断和行动？

　　2. 你有警惕陌生人、不和陌生人长时间接触的意识吗？

被人贩子抓走了，我该大声呼喊什么？

情景小剧场

周末，多多和爸爸妈妈一起去游乐场玩，游乐场好玩的项目很多，多多玩得很高兴。等到多多回过神时，发现自己已经和爸妈走散了，游乐场里到处都是人，却看不到爸爸妈妈的身影。

这时，有个人过来抓着多多说："你怎么跑这儿来了，奶奶找你半天了！"

多多从来没见过眼前这个人，有些害怕，但还是大声说："你是谁啊，我不认识你！"

那个人依然拉着多多不放："你看你都玩糊涂了，连奶奶都不认识了，快跟奶奶回家，我们担心死你了！"说着便拉多多往附近的一辆车走去。

"你放开我，我不认识你！"多多很害怕，一边喊，一边往后退。可是多多的力气不够大，一直被拉着往前走。眼看就要到那辆车前了，多多猛地往旁边的摊位上撞去，摊位上的纪念品一下被撞翻在地，很多纪念品被摔碎了。摊位老板不乐意了，拦住多多，让他赔钱。

那个自称"奶奶"的人一看摊位老板要她赔钱，赶忙放开了多多，自己跑了。此时，巡逻的保安也闻声赶过来了，多多一边哭一边说着刚才的情况。

三思而后行

遇到陌生人搭讪时，要想一想：
1. 如何避免自己被拐骗?
2. 被拐骗后应该怎样做?

这样做，不安全！

1. 随便接受陌生人的东西。

骗子很会哄小孩子，他们会投其所好，拿饮料、糖果、玩具来诱惑我们，我们千万不要接受。坏人可能会将迷药放入饮料和食物里，让我们失去反抗的能力，将我们带到陌生的地方。

2. 总想脱离大人的视线，独自行动。

小朋友到了商场、游乐场这类热闹的地方，总会眼花缭乱，想去这里看看，那里玩玩，不愿意在大人的视线范围内，总想独自行动。

这样做，才正确！

1. 提防主动搭讪的人。

不要轻信陌生人的话，时刻提防主动搭讪的人，利用自己智慧的语言、行动，巧妙地远离那些拐骗者的纠缠，保护自身的安全。

2. 看到警察大声求救。

当被拐骗时，如果周围有警察，一定要大声呼救。如果没有警察，也要想办法拨打报警电话。要相信，无论何时何地，警察叔叔都不会对小朋友的呼救置之不理，他们一定会帮助我们。

3. 找借口去人多的地方。

如果被陌生人抓住或者塞进了车里，先不要急着哭，要找一些借口，比如"我饿了，想吃饭""我肚子疼，要去上厕所"等，尽量让坏人相信你说的话，带你去人多的地方，到了人多的地方，就有机会向别人求助了。

4. 故意搞破坏。

如果求助不成，也可以像多多一样，故意搞破坏来增加获救机会，拐骗者怕招惹麻烦，很可能会被吓走。

4. 巧妙地求救。

小朋友在遇到突然出现的坏人，会本能地害怕、恐惧，大喊"我不认识你，你不是我妈妈"等话语，这些话听上去就像一个正在闹脾气的小孩，旁人不会在意，这无法让你脱险，一定要这样大喊："他是人贩子，我不认识他。"这样更能引起旁人的注意。

为了防止悲剧发生，我们一定要提高防范意识。除了防

范，也需要学习应对之策。万一遇到拐骗的人，要随机应变，虎口逃生。平时要牢记家长的联系方式与家庭住址，在面对陌生人时保持冷静，懂得机智地寻求他人的帮助，使自己脱离危险。

在游戏里可以打打杀杀，为什么现实中不可以？

情景小剧场

　　周末，小宝去赫赫家做客，两人一起玩游戏。游戏里的各种打斗场景让两个人激动得大喊大叫。

　　这时，邻家的猫跑到了赫赫家的阳台上，在那里喵喵地叫，赫赫嫌太吵了，对小宝说："这猫咪太吵了，我们像在游戏里一样去打它吧！"说完，拿起晾衣杆就往阳台冲。

　　小宝心领神会，随手拿起一个鸡毛掸子，准备将吵闹的猫咪暴打一顿。妈妈刚好看到这一幕，赶紧阻止道："你们干什么呢！"

　　赫赫赶紧停手："妈妈，我们只是在玩游戏！"

　　"不许学游戏里的行为，知道吗？"妈妈严厉地批评了赫赫和小宝。

三思而后行

想一想：

1.你玩的游戏暴力吗？

2.能在现实中模仿游戏里的暴力行为吗？

 这样做，不安全！

1.认为暴力是一件很酷的事。

很多小朋友认为，打怪升级、英雄打坏人是一件很酷的事，所以，自己也想学一学。其实，这只是一种自我感觉良好的错觉。在现实中，暴力只会让人讨厌，让人害怕，并且，还会伤害到其他人。

2.把模仿游戏中的打斗作为"社交"方式。

很多小朋友认为，"打打闹闹"是一种"交流"方式，尤其是男孩子，模仿游戏中的行为可能是他们的"共同语言"。见面的时候，他们会以打斗作为打招呼的方式。这虽然是一种"社交"，但却是不正确的"社交"，容易误伤他人，也会因此激起打斗的情绪。

3.怕自己被欺负，学习以暴制暴。

很多小朋友认为，自己变强大了，就不会被人欺负。这样的想法没错，但是要注意方式方法。使自己变强大的方式不应该是学习暴力，更不应该用暴力来武装自己。相反，想让自己变强大，应该努力学习，关爱同学，养成良好的品质。

4.用暴力来填补无聊。

有些小朋友模仿暴力游戏，是因为觉得很无聊，想找点事情做，但暴力行为是不健康、不文明的。觉得无聊时，可以看看书、看看电影，做更有意义的事情。

 **这样做，才正确！**

1. 不玩暴力游戏。

网络游戏中打斗的场面很容易鼓动和刺激我们，所以，不要接触暴力游戏。小朋友可以让爸爸妈妈帮我们鉴别，选择对我们身心健康有益的游戏。

2. 不随意模仿暴力行为。

模仿游戏、影视剧中的暴力行为是不文明的。我们要知道暴力行为带来的破坏力和危险性。暴力会伤害他人，伤害自己，甚至危害社会。要牢记：不模仿、不接触血腥暴力的行为。

3. 培养健康的兴趣爱好。

我们在业余时间可以培养一些积极健康的兴趣爱好，例如看书、画画、钢琴、书法等。生活和学习充实起来，会降低游戏对我们的吸引力和影响。

 **安全小提示**

模仿是小朋友的天性，但是，要记得不是所有的行为都可以模仿。因为模仿游戏中的暴力行为而造成严重后果的事件时有发生，有的甚至酿成了悲剧。要知道，游戏世界跟现实世界有很大不同，游戏中可以做的暴力行为，现实中可能会造成不可挽回的后果。

社交安全指数自测

1. 你有模仿游戏里的行为的习惯吗？

2. 你有哪些兴趣爱好？这些爱好有暴力倾向吗？

自杀性网络游戏是什么？
我可以试着玩一下吗？

　　萱萱和青青是好朋友，两个人每天形影不离。最近青青发现萱萱有些不太对劲。平时跟自己无话不谈的她，最近有些不爱说话，要么发呆，要么在小本本上写写画画。青青周末去找萱萱玩，萱萱也是抱着手机，不怎么和青青交流。

　　青青感觉很奇怪，就问萱萱在看什么？萱萱这才告诉青青，她最近在玩一款刺激的网络游戏，并参加了一个神秘组织，每天都有好多新奇有趣的任务要完成。青青听得云里雾里，但她感觉，萱萱最近的不正常，可能和这款游戏有关系。

　　青青不是很放心，就把萱萱的情况告诉了萱萱的妈妈和老师。最后，通过萱萱妈妈和老师的观察，发现萱萱原来正在玩一款自杀性网络游戏。好在发现得早，在爸爸妈妈和老师的教育和帮助下，萱萱摆脱了自杀性游戏的困扰，恢复了正常的学习生活。

 **三思而后行**

面对网络游戏，一定要想一想：

1.这款游戏在传递什么思想，目的是什么？

2.玩这款游戏会不会对自己和身边的人造成伤害？

 这样做，不安全！

1.有心事不和身边人说，却去网络上倾诉。

在成长的过程中，难免会遇到一时间无法解开的心结，而有的小朋友因为各种原因，有心事不和身边人沟通，反而喜欢在网络上找陌生人倾诉。这种做法，很容易被人以开解心事为由拉入自杀性游戏，使自己陷入危险境地。

2.好奇心作祟，加入网上神秘组织。

很多小朋友认为，在网络上广交好友，说明自己很受欢迎，所以总是喜欢结交陌生人。随意交朋友，可能会被居心不良的人带进网络上的神秘组织，而且，越神秘的事物，对好奇心重的小朋友来说，越有吸引力。

3.觉得自己意志力坚定，不会被不良思想影响。

有的小朋友过度自信，明知游戏有问题，却总觉得自己可以保持清醒。意志力坚定当然是优点，但是面对有问题的游戏，也不能掉以轻心。很多自杀性的游戏，都带有洗脑性质。我们正处于心智未成熟的时期，不小心接触自杀性游戏，极有可能会受到伤害。

 **这样做，才正确!**

1. 保持良好的上网习惯。

不登录陌生网站，不玩莫名其妙的网络游戏，不加入神秘的网络组织，养成良好的上网习惯，远离危险的游戏，在安全的环境中成长。

2. 有心事及时告诉爸爸妈妈。

爸爸妈妈是我们最亲密的人，有不开心的事，要记得跟他们诉说。

3. 提高网络安全意识。

我们要提高网络安全意识，不随意泄露自己的个人信息，安装网络安全防火墙，以防坏人的"入侵"，这样也可以降低接触到自杀性游戏的概率。

安全小提示

不要以为自杀性游戏离自己很远。新闻报道过，全世界已经有很多青少年因为玩自杀性网络游戏，最后走上了不归路。玩自杀性游戏后，小朋友容易性情大变，变得异常冷漠和残暴，悲观厌世，充满负能量。这是一种洗脑式的游戏，一定要远离。

一定要记住这个原则：尊重生命，珍惜生命，坚决"封杀"危害身心健康的游戏。

1. 你是否有网络安全意识？

2. 遇到不明的网络组织或者游戏，你有没有足够的防范意识？

第二章

个人隐私
很重要

总是接到骚扰电话，
我家的电话号码是怎么泄漏的？

 情景小剧场

周末，多多正在做作业，忽然妈妈的电话响了。

"你好，请问是多多妈妈吗？这里是 XX 保险，想问下您给孩子买保险了吗？"

妈妈一愣："我没有咨询过你们保险公司，你怎么知道我的电话？"

"那可能是您的家人咨询过。"

"我的家人也没有咨询过！"

"那您需要了解保险业务吗？"

"不需要！你这是侵犯我们的隐私，我要投诉你们！"妈妈生气地挂掉了电话。

多多以为这件事过去了，可是没过多久，家里收到了一个陌生包裹，妈妈好奇地打开，是一只死老鼠，多多和妈妈都吓了一跳。

"肯定是上次那个保险业务员，没想到他不但知道我们的电话，还知道我们的地址。真是太过分了，我要报警！"

三思而后行

请想一下：

1. 你知道哪些信息属于隐私信息吗？

2. 如果隐私信息泄漏，会有什么危险？

 这样做，不安全！

1. 不知道什么是隐私信息。

很多小朋友不知道什么是隐私信息，认为电话、地址这些信息即便告诉陌生人也不会有什么危险。但是这些属于我们的个人隐私信息，不能随便告诉别人。

2. 没有保护隐私信息的意识。

有的小朋友知道什么是隐私信息，但没有保护隐私信息的意识，随便把电话、地址等信息告诉陌生人。

✅ **这样做，才正确！**

1. 提高保护隐私信息的安全意识。

不管是在现实生活中，还是上网的时候，都要保护好自己和家人的隐私。遇到需要填写电话、地址等可能泄露个人信息的情况，要多一分警觉。

2. 管理好含有隐私信息的物品。

手机、钱包、学生证、身份证等物品要保管好，一旦丢失，要记得挂失补办，以免自己和家人的隐私信息泄漏。

安全小提示

国家修订了《儿童个人信息网络保护规定》，要求保护小朋友的隐私信息。《信息安全技术：个人信息安全规范》还规定，收集不满 14 周岁未成年人的个人信息前，应征得其监护人的同意。所以，我们一定要记住，没有经过爸妈的同意，不要把自己及家人的真实信息如姓名、住址、学校、电话号码等告诉别人。对于打听我们个人信息的人，要保持高度警惕。

社交安全指数自测

1. 你有保护自己和家人信息安全的意识和习惯吗？

2. 什么样的人，不能告诉他家里的电话和地址？

在家里玩手机，
是不是比在外面玩手机更安全一点？

 情景小剧场

　　萱萱五年级的时候，爸爸给她买了手机和平板电脑。她除了把平板电脑作为学习辅助工具外，还经常用它来上网、玩网络游戏。除了吃饭、睡觉，萱萱整天抱着平板电脑不撒手。很多网络和手机游戏，都需要登录账号，萱萱便选择用爸爸的微信、手机号自动登录。

　　后来，爸爸的手机总是收到各种游戏、软件的广告，还有很多乱七八糟的短信，爸爸为此限制了萱萱用平板电脑的时间，要求她每天只能用半个小时平板电脑。

??? 三思而后行

　　玩手机和电脑的时候，要想一想：

　　1. 手机和电脑是如何泄漏隐私的？

　　2. 使用手机和电脑的时候，如何避免隐私泄漏？

这样做，不安全！

1.觉得手机和电脑没丢，信息就不会泄漏。

很多小朋友认为，手机和电脑泄漏信息多发生在它们丢失以后，如果手机和电脑都在家里好好的，就不会泄漏信息。其实，这样的认知是错误的，即便手机和电脑在我们自己手里，也会通过网络将个人信息泄漏出去。

2.随便连接外面的网络。

为了省流量，很多人会随便连接外面的网络，其实这样是不安全的。很多网络，尤其是没有密码的开放网络，可能会窃取我们的个人信息。

这样做，才正确！

1.正确使用手机和电脑。

我们在使用手机和电脑的时候，要严格限制使用时间，筛选浏览的内容，千万不要随意登录各种网站。

2.不连接安全性不明的网络。

连接网络之前一定要先确定网络的安全性，如果不能确定该网络是安全的，就不要连接了。

3.谨慎回收手机、电脑。

在手机和电脑回收之前，一定要彻底清理个人信息。

安全小提示

我们的身心处于成长期，看电子屏幕的时间过长，不利于身体发育，因此，平时应尽量少玩手机和电脑。

社交安全指数自测

1. 你使用手机和电脑的时候，有没有保护隐私的意识？

2. 家里的手机和电脑回收的时候，有没有彻底清理个人信息？

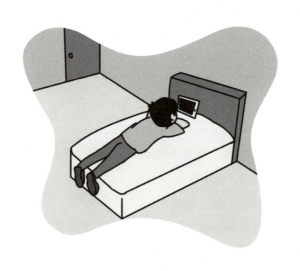

妈妈银行卡里的钱不见了，为什么说是我乱玩手机造成的

情景小剧场

豆豆用电脑浏览学习资料的时候，屏幕上突然弹出一个广告，上面写着"快速提分，免费下载！"马上就要期末考试了，正是需要提分的时候，豆豆看到"快速""免费"这几个字更高兴了，立马点击下载。

不一会儿，软件下载完了，但豆豆的电脑不受控制了，想关机也关不了。

豆豆赶紧去找爸爸。爸爸一看就知道豆豆误下载了病毒软件。

"病毒？"豆豆觉得很奇怪，难道电脑上也有病毒吗？

"是的，网络上也有病毒，它们会对我们的电脑和个人信息造成危害，所以，一定要注意正确上网啊！"爸爸说。

??? 三思而后行

面对不明软件和链接，一定要想一想：

1.这个软件和链接是否安全？

2.如何避免接触流氓软件和网络病毒？

这样做，不安全！

1. 看到免费的软件就想下载。

很多小朋友认为，"反正都免费，为什么不下载呢？"随意下载网络上的软件，电脑可能会被软件和病毒控制，对我们的个人信息安全甚至是财产安全造成威胁。

2. 缺乏对不良信息的警惕性。

小朋友缺乏信息过滤的能力，如果没有安全警惕性，可能会接触到不安全的垃圾文件和病毒，对我们的身心造成伤害。

3. 认为安装了杀毒软件就很安全。

很多小朋友认为，电脑安装了防火墙和杀毒软件，所以很安全。但是，杀毒软件和防火墙并不能百分百保证电脑安全。

 这样做，才正确！

1. 养成安全上网的习惯。

网络上的信息很复杂，很多不良网站包含着不易察觉的危险，我们要记住，陌生网站不要登录，不明链接不能点击，在下载网络资料的时候，要有足够的警惕性和自觉性。

2. 找爸爸妈妈帮助下载软件或工具。

若是老师要求下载一些学习软件，可以请爸爸妈妈帮忙。

3. 定期杀毒和清理垃圾。

定期对电脑进行杀毒，并清理电脑垃圾，让自己的电脑保持安全和快捷。

安全小提示

　　病毒软件会"袭击"电脑，"盗走"个人信息和银行账户信息，造成财产损失。下载软件之前，先谨慎了解一下这是什么、有什么用，无论什么时候都要遵守安全上网的准则。

社交安全指数自测

1. 你对电脑病毒是否有警惕意识？

2. 你有没有养成安全上网的习惯？

3. 你知道什么形式的网站和链接不能点击吗？

玩手机时突然跳出在线调查问卷，我要不要填写呢？

情景小剧场

赫赫加入了一个奥数交流群。有一天，有人在群里发了一条链接，请大家帮忙做一个关于小学生生活习惯的在线调查，如果参与调查，可以获得小玩具，并且，如果拉更多的人来做调查，还可以得到更多的小玩具。

赫赫毫不犹豫地参与了这个在线调查，并且，为了得到更多的小玩具，他还找了小宝和萱萱，让他们也参加。

三思而后行

如果有人要你帮忙填写在线调查，一定要想一想：

1.这个在线调查的目的是什么，是否泄露了个人的隐私信息？

2.填写调查之前，应不应该征得父母的同意？

1. 认为只是帮个忙而已。

有些人认为，帮忙填资料只是举手之劳，但是，有些忙可以帮，有些忙不能帮。那些有可能"泄露自己信息"的忙，不帮为好。

2. 为了拿小礼物。

很多在线调查以小礼物、优惠券作诱饵，称填写一些信息就有小礼物拿，这对很多小朋友来说很有诱惑力。但这样做，其实已经涉嫌非法收集儿童个人隐私信息了，我们一定要警惕。

3. 没想这么多。

如果没有想到填写自己的资料会牵涉个人信息安全问题，这说明个人隐私安全意识淡薄，应该提高安全意识。

这样做，才正确!

1. 不随便参加在线调查。

在个人信息安全方面，小朋友的认识还不够充分。面对在线调查，我们不要擅自做决定，要询求爸妈的意见。

2. 学会明确拒绝不正常的调查。

如果觉得调查问卷有不妥，可以直接拒绝，不要觉得不好意思。意识到不妥的时候，也要告诉其他小伙伴，提醒他们不要参加，以免大家的个人信息被泄露。

安全小提示

《中华人民共和国未成年人保护法》规定，商家不能收集、泄露和变卖儿童个人的隐私信息，但很多关于儿童的在线调查，都会收集隐私信息，所以最好不要随便参与。另外，参与在线调查，所填写的个人信息有可能被变卖、被随便用于商业或者违法犯罪活动，从而给自己带来麻烦和困扰。

社交安全指数自测

1. 你喜欢参加问卷调查吗？

2.《中华人民共和国未成年人保护法》对儿童个人隐私有哪些保护性规定？

同学在班级群里传我的丑照，我该怎么办？

　　课间的时候，小宝趴着睡觉，一边流口水，一边打呼噜，壮壮拿着偷偷带来学校的手机，将小宝睡觉的过程录成视频，并将视频发到了朋友圈。不仅如此，他还将视频发到了班级群里。一时间，同学们都看到了小宝流口水、打呼噜的视频。有些同学在群里嘲笑小宝，说他是邋遢鬼、鼻涕虫，又笨又蠢。

　　小宝感觉自己被羞辱了，很生气，也很冤枉。小宝要求壮壮把视频删掉，可壮壮不听，两人甚至还为这件事情大打出手。

　　小宝觉得自己实在太委屈了。回家之后，小宝把前因后果告诉了爸爸，请爸爸来帮助解决。

　　请思考一下：

　　1. 你知道什么是网络暴力吗？

　　2. 如果遭遇了网络暴力，应该怎样正确解决？

这样做，不安全！

1.默默忍受，不敢告诉任何人。

有的小朋友自尊心强，不想让更多人知道自己的糗事，所以，在遭受网络暴力的时候，选择默不作声、独自忍受。但是，一味忍受并不能解决问题。

2.只想着要"报仇"。

有的小朋友恰恰相反，他们不能忍受网络暴力，选择用"打架"这种非理性的方式解决问题。然而，这不仅不能解决问题，反而会制造更多的问题。

 这样做，才正确！

1.不要害怕，不是你的错。

面对网络暴力，很多人会怀疑自己，感觉好像真的是自己的错。其实，这只是压力过大造成的错觉。遭遇网络暴力，并不是你的错，不必害怕。

2.学会理性地面对事情。

遇到这种事情，生气是正常的，但是气愤之后，要平复自己的情绪，冷静地想一想，应该怎样正确地解决问题。

3.第一时间告诉父母。

在网络上被伤害，小朋友应该第一时间告诉爸爸妈妈，让爸爸妈妈帮忙解决问题。

安全小提示

网络暴力是用言语、图片、视频等形式，在网络上对他人进行人身攻击，是一种暴力行为。如果我们认为自己遭到了网络暴力，要赶紧告诉爸爸妈妈，必要时可以报警处理。同时自己要调节好情绪，不要因为被羞辱而压力重重、自暴自弃。

社交安全指数自测

1. 你是否遭受或者参与过网络暴力？

2. 如果遭遇网络暴力，你是否会在第一时间告诉爸爸妈妈？

第三章

金钱的
诱惑

走路真的可以赚钱吗？
这些赚零花钱的软件可信吗？

 情景小剧场

最近，丁丁一有空就在教室里走来走去，甚至在学校操场上一直绕圈。同桌大力觉得好奇怪，就问丁丁："平常也不见你运动，怎么最近这么勤快呢？"

丁丁神秘地说："你不知道吗？我在赚钱呢！"

"赚钱？走路能赚钱？"

"对啊，走路就能挣钱！"丁丁说，"我安装了一个走路赚钱的软件，连着我的智能手环，多走路就可以多赚钱哦！"

大力觉得有些不可思议，丁丁邀请他也下载这个软件，这样他还有"奖励金"。大力觉得，走路挣钱不大可能，就拒绝了丁丁的好意。

丁丁为了挣钱，把所有的空余时间都用来走路，腿都走酸了。爸爸发觉丁丁的异常行为，问他到底怎么回事。丁丁把原因告诉了爸爸。爸爸哭笑不得："天底下哪有这样的好事，这都是营销手段，都是骗人的。"

三思而后行

在网络上看到一些轻松赚钱的方法，一定要想一想：

1. 网络上宣传能轻松赚钱，是不是有什么另外的目的？

2. 除了走路赚钱，你还知道哪些网络骗人的套路？

 这样做，不安全！

1. 把网络营销手段当真。

网络上很多软件为了增加下载量，会夸大宣传，比如走路赚钱、唱歌赚钱等。这些平台的网络营销，我们千万不要当真。

2. 过早把注意力放在挣钱上。

我们的主要任务，应该是好好学习、健康成长，有挣钱的想法没有错，但这是长大以后要做的，我们现阶段更应该把注意力放在学习上。

✓ **这样做，才正确！**

1. 懂得"财富不能轻松获得"。

挣钱需要扎扎实实地付出劳动，可不像走路这么容易。如果走路就能轻松挣钱，那世界上就没有穷人了。

2. 多读书，辨真假。

网络世界纷繁复杂，一不小心就会受骗。多读书可以提高分辨是非对错的能力。我们应该多读书，用知识和头脑来分辨真假。

网络上流行的骗术有很多，除了走路挣钱这些夸大宣传类的，还有各种投资理财类的，但是无论何种骗术，都有一个共同点：让你觉得赚钱很容易。要仔细想一想，如果能轻松赚钱，那爸妈为什么还那么辛苦地工作呢？所以，我们要把心思放在学习和运动上，先将挣钱的事情交给爸爸妈妈。

社交安全指数自测

1. 你是否有自己赚钱的想法呢？
2. 你能用知识和头脑拆穿网络上轻松赚钱的套路吗？

我偷偷在网上买东西时被骗了，这可怎么办？

情景小剧场

柯北买了一个磁悬浮奥特曼玩具，偷偷带到学校向同学们炫耀。大力非常羡慕，但他知道这个玩具很昂贵，爸爸妈妈肯定不会给他买的。他听说从网上购买更优惠，就自己在网上搜索。果然，他找到了几款比市场价便宜很多的磁悬浮奥特曼。

"这么便宜，不会是假的吧？"大力有些疑问，于是他去问了店铺的客服，客服信誓旦旦地回答："保证正品！"

在客服的保证下，大力放心地购买了。在支付的时候，他根据客服的指示，扫码把钱支付到了一个账户。大力满心期待地等了一个星期，也没收到自己心心念念的奥特曼。他忍不住想去催，结果发现已经找不到那个商家了。

这时候，大力慌了，赶紧告诉了爸爸。爸爸听了经过，告诉大力这是网购诈骗，立马报了警。

三思而后行

网购前请想一想：

1. 在网上购买商品，怎样做才更安全？

2.如果遭遇了网购诈骗，应该怎么办？

 这样做，不安全！

1.轻信网络广告。

在网上购买物品时，一定不要被广告所迷惑，要学会用知识来辨别真假。

2.贪小便宜。

网上很多商品会以低价的噱头来吸引客户，让人感觉不买就亏了。不良商家利用购买者贪小便宜的心理，售卖假冒伪劣产品，甚至直接诈骗，让购买者财物两空。

3.被骗后不敢告诉爸妈。

有的小朋友网购是背着爸妈进行的。因此，在发现被骗后，小朋友不敢告诉爸妈，这只会让你白白遭受损失，让不法分子逍遥法外。

 这样做，才正确！

1.警惕网购诈骗。

骗子到处都有，网上也不例外，因此，在网上购买商品的时候，一定要警惕网购诈骗。

2.网购的事交给爸妈。

小朋友辨别真伪的能力有限，如果需要在网上购买商品，或者要发生金钱交易，都交给爸妈来处理吧。

3. 在爸妈的指导下适当参与网购。

如果我们想要参与网购，可以在爸妈的指导下，偶尔上网买一些小东西。这样，既可以感受网购的便利性，又有爸妈把关，避免自己受骗。

 安全小提示

网上购物确实很便捷，但是，因为看不到实物，很难鉴别货品真伪，不仅有买到假货的可能，还有遭遇网购诈骗的风险。因此，我们在网络上进行金钱交易时，最好让爸妈来处理。另外，网购的时候一定要找大平台，不要转账给个人账户。如果遭遇了网购诈骗，要毫不犹豫地报警处理。

社交安全指数自测

1. 你有网购的习惯吗？

2. 如果网购被骗，你是否有告诉爸妈和报警的意识？

我想买游戏皮肤，
可以偷偷用妈妈的手机付钱吗？

 **情景小剧场**

最近，柯北迷上了网络游戏。玩游戏要买装备、换皮肤，需要一次又一次地充值。他把所有的零花钱都投进去了。没多久，游戏又要充值了，可是柯北已身无分文。他想过放弃充值，可是游戏太好玩了，而且之前已经充值了不少钱，如果这个时候放弃了，前面的闯关就都白费了。柯北想找爸爸妈妈要钱，又怕被批评。

柯北想来想去，想到了跟朋友小宝借钱。结果小宝说："我也没有钱，大力把我的钱借走买游戏装备了，一直没还给我！"

柯北又去跟萱萱借，就这样，柯北到处跟伙伴借钱。

??? **三思而后行**

玩网络游戏的时候，要想一想：

1. 充值玩游戏可取吗？

2. 为了玩游戏一直借钱，这种行为是对的吗？

这样做，不安全!

1. 满足虚荣心。

有的小朋友玩游戏时买装备、买皮肤，是为了让游戏中的人物看起来很厉害，着装更好看，升级更快，从而让别人羡慕自己，满足自己的虚荣心。

2. 借钱也要充值。

有的小朋友认为，之前玩游戏充了不少钱，不能前功尽弃。但是，游戏在不断更新，皮肤和装备也会不断出新款，充值是没有尽头的，像个无底洞。

3. 对爸爸妈妈隐瞒。

玩游戏充值这件事，很多小朋友都会瞒着爸妈，甚至会瞒着爸妈去跟同学、朋友借钱。但是，纸是包不住火的，等事情发展到不能收拾的地步，才让爸妈出面解决，这是很不负责任的。

 这样做，才正确!

1. 玩游戏要适可而止。

网络游戏确实能给我们带来快乐，但这种快乐只是暂时的，游戏只是我们生活中的一种娱乐方式，并不是生活的全部，所以，我们要学会合理地安排玩游戏的时间，或者听爸爸妈妈的安排。

2. 跟爸妈说实情。

当你已经没有钱充值，甚至已经跟同学借了钱的时候，不要再想着拆东墙补西墙，而是及时跟爸妈说清情况，求助爸爸妈妈，并且在他们的帮助下还钱、戒掉玩游戏无底限充值的坏习惯。

安全小提示

适度地玩游戏，可以放松心情，缓解学习压力。但是，如果不加节制，甚至玩游戏不断充值，不但耽误学习，还会让自己四处欠钱。有的同学甚至为了游戏充值铤而走险，做出违法的事。因此，玩游戏要懂得分寸，控制玩游戏的时间，并且坚决不玩需要充钱的游戏。

社交安全指数自测

1. 你喜欢玩网络游戏吗？

2. 玩网络游戏时，你会充钱买装备、皮肤吗？

看直播时，主播总是让我给他刷礼物，我应该照做吗？

 情景小剧场

萱萱的妈妈突然收到银行的短信通知，说她有一张信用卡有 8 万多的欠款，请她尽快缴清。突然收到这样的通知，妈妈以为是诈骗信息。结果发现这些钱是萱萱用手机关联银行卡支付的。

原来，萱萱迷上了看直播，而且特别喜欢给主播打赏。除了平时在平台上的直播间互动，还有多个主播跟她加了微信好友，于是萱萱给他们打赏得更多了。

妈妈认为萱萱被套路了，这些主播早就知道萱萱是 11 岁的孩子，还放任甚至引诱萱萱打赏。后来，妈妈采取法律手段跟平台沟通，希望能够追回款项。

??? 三思而后行

面对当前火热的网络直播，要想一想：

1.这些主播我认识吗，为什么要给他们打赏？

2.如果有主播要求你打赏，你应该怎么办？

这样做，不安全！

1.认为不看直播就落伍了。

现在网络直播非常流行，有些小朋友认为，如果不看直播，和其他同学就没有共同语言了。这种想法是错误的。观看直播只是一种娱乐方式，并不意味着不看直播就落伍了。

2.瞒着爸妈看直播。

很多小朋友看直播，都是瞒着爸妈的。他们认为，如果爸妈知道了，很多事情就做不成了。事实上，小朋友有可能因为没有爸妈的引导和监督，而被教唆和利用，从而造成财产损失。

3.看直播不好意思不打赏。

看着直播间主播卖力的样子，甚至是要求打赏的请求，很多小朋友感觉不打赏会不好意思。这是错误的想法。

这样做，才正确！

1.不沉迷看直播。

看网络直播可能会上瘾，不仅会影响我们的学习和生活，还可能给家庭造成财产损失。所以，网络直播要适度观看，千万不要沉迷。

2.选择跟爸妈一起观看。

如果是跟学习有关，或者老师要求一定要观看的直播，首先要告诉爸爸妈妈，在他们的陪同下一起观看。

3.不交智商税。

有人认为，给主播打赏意味着可以和他们交朋友，但大多数主播进行直播是为了赚钱，给主播打赏，对学生来说没有任何意义。

安全小提示

随着网络直播的兴起，直播平台层出不穷，给喜欢的主播打赏礼物已经屡见不鲜。不过，由于直播平台的消费机制不健全，也造成了一系列的问题。其中，未成年人用家里的钱给主播打赏，是影响最大的问题之一。任何直播平台都不允许收取未成年人的打赏，更不允许向未成年人索要打赏。我们不要让自己成为别人敛财的工具。

社交安全指数自测

1. 你有观看直播的习惯吗？

2. 你是否知道，国家不允许未成年人在直播间打赏？

家里给的零花钱不够花，我可以在网上借钱吗？

前段时间，大壮认识了学校里一些看起来"很酷"的人。大壮经常跟他们出去吃饭、玩游戏。自从认识他们以后，大壮的花销开始变多了，妈妈每个月给的零花钱很快就被他花光了，可还是不够用。没钱了怎么办？

正当大壮为钱发愁的时候，他发现手机上有免费借钱、先借后还的广告。大壮觉得自己"得救"了，于是就下载了一款借钱软件。软件声明先花钱、后还款，不限年龄，甚至都不需要密码。大壮继续大手大脚的花钱，结果等到欠款到期以后，大壮才发现自己欠了好多钱，已经完全超出了他能承受的范围，而且，账单里还有利息，并且数目不少。

没过多久，大壮接到一个陌生电话，里面的人讲话很凶，让大壮赶紧还钱，不然要他好看！

面对网上的借钱软件，一定要想一想：

1. 应该在网上借钱吗？

2. 在网上借钱安全吗？

这样做，不安全！

1. 花钱没有节制。

现在的支付方式太便捷，手机扫码就可以付款，这种方式给我们带来的直观感受是：支付出去的钱只是手机上显示的数字而已。小朋友的自控能力比较差，在网上借钱后，可能会没有节制地花钱，让自己背上大额债务。

2. 有钱先用，不考虑后果。

有的小朋友没有建立起正确的金钱观，认为有钱就先花着，完全不考虑后果，到最后自己根本还不上。有的小朋友不敢告诉父母，结果欠款越来越多。

3. 跟风学别人在网上借钱。

很多小朋友跟风学别人在网上借钱，结果掉进借钱陷阱。

这样做，才正确！

1. 养成良好的消费习惯。

我们一定要养成良好的消费习惯，如果零花钱花光了，就等下次有零花钱的时候再消费。如果确实很紧急，可以先跟父母预支，在下次的零花钱里扣掉。

2. 不随便借钱。

日常生活中，不随便跟同学和朋友借钱更不能在网络上借钱，需要用钱的时候，要跟爸爸妈妈商量。

3. 如果自己有网络贷款，赶紧求助爸妈。

如果小朋友不小心在网络上有欠款，一定要尽快告诉爸爸妈妈，让他们来帮助自己。

 **安全小提示**

任何人的钱都来之不易，陌生人愿意借钱给你，是因为有利可图，我们千万不要把网络借贷想得太简单，花钱要懂得量力而行，远离各种借款 APP！

社交安全指数自测

你是否对金钱有正确的认识？

朋友圈里都是朋友，
我发一些生活日常，也会有危险吗？

情景小剧场

　　丁丁很喜欢发微信朋友圈，吃大餐的时候发个朋友圈，去游乐场的时候发个朋友圈，买了新玩具发个朋友圈，收到礼物了发个朋友圈，甚至过年收到压岁钱都发朋友圈……发朋友圈的时候，丁丁还启用了定位功能，看他的朋友圈，就知道他在什么地方干了些什么。妈妈提醒过丁丁，不要过多在网上炫耀自己的生活，更不要过多泄漏自己的信息。可丁丁不但没听，还屏蔽了爸爸妈妈。

　　最近丁丁发现，好像总有人跟着自己。有一天，丁丁独自回家，有个人忽然抱住丁丁，拖着他往马路对面走。丁丁拼命反抗，大喊救命，好在路上有行人帮忙报了警，那个人慌忙放下丁丁，跳上对面的车就跑了。

　　丁丁险些被绑架，想想都后怕。妈妈认为，这很有可能是丁丁在朋友圈过度炫耀，泄漏了自己太多的信息，所以带来了危险。妈妈再次叮嘱丁丁，千万不要在朋友圈高调炫耀了！

 **三思而后行**

在发微信朋友圈的时候，要想一想：

1. 这样发朋友圈是不是太高调了，会不会引起坏人的注意？

2. 发朋友圈的时候，有没有泄漏自己的信息？

 这样做，不安全！

1. 喜欢在朋友圈炫耀。

像丁丁那样，动不动就把自己的生活动态发在朋友圈，炫耀的同时还泄漏了个人隐私信息，会为自己带来危险。

2. 没有安全意识。

很多小朋友认为，发个朋友圈而已，朋友圈都是朋友，有什么不安全的？但有些朋友，只是一面之交，并不是非常了解，高调地展示自己的生活，有可能让自己成为一些不法分子作案的目标。

 这样做，才正确！

1. 克制炫耀的冲动。

小朋友要克制炫耀的冲动，不要在物质上进行攀比，可以在朋友圈分享一些学习的经验、收获，而不是炫耀物质财富。

2. 注意朋友圈的个人信息安全。

不管什么时候，都要注意个人信息安全，发朋友圈时也一样，不要过分暴露自己的生活细节，也不要分享自己的定位。

安全小提示

　　过多炫耀自己的生活和泄漏个人信息，对个人安全来说不是一件好事。如果信息被坏人掌握，他们可能会对我们实施犯罪行为，千万不可大意！

社交安全指数自测

　　1. 你有没有发朋友圈炫耀自己生活的习惯？

　　2. 在各种社交平台上分享生活的时候，有没有关闭定位的意识？

PART5

饮食安全 与 健康安全

俗话说，病从口入。这句话是有道理和依据的。无论是饮食还是日常行为，都有可能把病菌吃进嘴里，一定要注意饮食安全和身体健康！

第一章

健康的食物，
安全的吃法

为什么吃饭之前一定要洗手呢？

　　贝贝放学以后喜欢和小伙伴在小区的儿童游乐场玩，里面有沙子、滑梯，还有各种各样的运动设施。贝贝一玩就是一个小时，等到天快黑了，才依依不舍地回家。

　　回到家以后，妈妈已经做好了晚饭，贝贝立马坐下来就要吃饭。妈妈赶紧阻止："你还没洗手呢，洗完手再吃！"

　　"好吧。"贝贝不情愿地把手冲了两下就算洗完了。

　　"这就洗好了？你看你的手，还是黑的呢！"妈妈严肃地说，"饭前认真洗手，这样才能保证入口的食物干净卫生。"

　　"妈妈，我知道了。"贝贝又回去认认真真洗了手。

　　想一想：

　　1. 为什么饭前便后要洗手？不洗手有什么危害？

　　2. 你知道正确洗手的步骤吗？

这样做，不安全！

1. 认为洗手太麻烦。

很多小朋友不愿意洗手，总觉得每天一遍遍地洗手太麻烦。但是，洗手是为了保证入口的食物安全卫生，不能因为怕麻烦就不洗手。

2. 看着不脏不需要再洗。

有的小朋友认为，自己刚才已经洗过手了，就玩了一会儿，而且看着手也不脏，就不用再洗了。

3. 随便洗一洗。

小朋友着急吃饭，经常是用水随便冲一冲就当洗手了。但是，洗手可不是把手放在水龙头下面随便冲冲就可以了，那样并不能将手清洗干净，甚至会"越洗越脏"。

 这样做，才正确！

1. 养成饭前便后洗手的习惯。

洗手可以保持手部卫生，避免因为手上有细菌而导致"病从口入"，因此，我们要养成饭前便后洗手的好习惯。习惯养成后，就会自然而然地去做，不会觉得麻烦。

2. 掌握正确的洗手方法。

虽然我们每天都在洗手，但是大多数人却不知道如何正确科学地洗手。请你按照本文末的说明，练习并掌握"七步洗手法"。

安全小提示

俗话说得好，"饭前要洗手，病菌不入口"。我们的一切日常活动，几乎都离不开手，因此手上特别容易沾染许多细菌。科学家曾做过一个实验，一只没有洗过的手上，至少有4万~40万个细菌，实在是太可怕了！即便看起来干净，我们的手也是很脏的。所以，饭前便后要认真洗手。

饮食安全指数自测

1. 你是否养成了饭前便后洗手的好习惯？

2. 你是否知道正确洗手的步骤？

1.
洗手掌：打湿双手，涂抹肥皂或洗手液，掌心揉搓5次以上。

2.
洗手背指缝：手心揉搓手背指缝5次以上。

3.

洗手心指缝：双手掌心交叉，沿指缝揉搓 5 次以上。

4.

洗手背：一只手半握拳，将手背放在另一只掌心，揉搓 5 次以上。

5.

洗拇指：一只手握住另一只手的大拇指，揉搓 5 次以上。

6.

洗指尖：一只手的指尖并拢，放在另一只手掌上，旋转揉搓 5 次以上。

7.

洗手腕：一只手清洗另一只手的手腕、手臂 5 次以上。

我没看到食物上有病菌，为什么妈妈说"病从口入"？

 情景小剧场

小宝生日这天，爸爸给他买了个大蛋糕，妈妈给他做了一桌子好吃的，一家人吃得走不动路了也没有把食物吃完。

第二天早上，小宝看到桌子上的蛋糕，很想再吃一点儿。可他发现，蛋糕上面有小黑点。小宝就切下没有黑点的地方，津津有味地吃了起来。

快到中午的时候，小宝非常饿，顺手抓起一个苹果，随便擦擦就吃了。下午他和妈妈一起去菜园子里摘黄瓜，趁妈妈不注意，小宝拿起一根黄瓜就啃起来。结果，当天晚上，小宝肚子疼，疼得他在床上打滚。

妈妈带小宝去医院检查，医生仔细询问，发现小宝吃了很多不干净的东西，诊断出小宝得了急性肠胃炎。

 三思而后行

认真思考一下：

1.病从口入是怎样发生的？

2.怎样才能避免病从口入？

 这样做，不安全！

1.吃腐败变质的食物。

节俭是好事，但是不要以危害身体健康为代价。

2.水果没有洗就吃。

水果上有很多细菌、农药，不清洗干净就吃，很容易生病，甚至造成食物中毒。

3.不注意食物保质期。

我们在吃东西的时候，常会粗心大意，不注意看食品的保质期。吃过期的食物，会给我们的身体带来伤害。

 这样做，才正确！

1.水果蔬菜洗干净再吃。

在吃蔬菜水果前，一定要用清水将其浸泡一段时间，以去除果蔬表面残留的农药，仔细冲洗干净后再吃。

2.不吃变质的食物。

吃东西的时候，要选择新鲜安全的食品，不要食用过期食品。食物不新鲜甚至变味，一定不要食用。

 **安全小提示**

没煮过的生鲜食品容易滋生细菌，有很多肉眼看不到的寄

生虫；变质食物已经被微生物污染，食用后会影响我们身体的新陈代谢，破坏肠胃的正常消化功能；没清洗的水果上面可能有细菌，还可能有药物残留，吃了对身体不好。这些都是"病从口入"的渠道，我们要谨记，干净卫生的东西才能放进嘴里。

饮食安全指数自测

1. 你是否有防止"病从口入"的意识？
2. 你是否懂得防止"病从口入"的方法？

肚子好疼啊……

早上我想多睡一会，
可以不吃早饭就去上学吗？

情景小剧场

这天，小菲又赖床了。妈妈已经催第三遍了："小菲，快点起床，早饭做好了，快起来吃！"

"哎呀，好困啊，我还想再睡会儿，早饭不吃了。"小菲把头埋在被子里，嘟嘟囔囔地说。

"你还在长身体，不吃早饭怎么能行？"

"中午我多吃一点就好了。"

"那不一样的，一天三顿饭，一顿都不能少！"妈妈再次催促她，"快点起来，你要迟到了！"

小菲磨磨蹭蹭地爬起来，刷牙洗脸以后，眼看着上学就要迟到，已经没有时间吃早饭了。妈妈只好把牛奶和鸡蛋放在小菲书包里，让她到了学校再吃。

三思而后行

想一想：

1. 为什么我们要按时吃一日三餐？

2.不按时吃饭有什么危害？

 这样做，不安全！

1.不爱吃早餐。

不吃早餐，容易导致低血糖，甚至可能因此晕倒；长期不吃早餐，对肠胃伤害也很大，可能会导致慢性胃炎、胃溃疡等疾病。

2.午餐太凑合。

很多小朋友都在学校吃午饭。学校的食物不一定合胃口，而且没有太多食物可选择。于是有些小朋友吃午饭只是凑合，随便吃两口。

3.晚餐吃太多或者太晚。

晚上9点后，人体消化器官已基本处于休息状态，晚上吃太多、太晚可能导致消化不良，引起身体不适。

 这样做，才正确！

1.按时吃早餐。

一日之计在于晨，为了补充身体所需的营养和能量，要按时吃早餐，千万不要因为赖床而不吃早餐。

2.午餐要吃饱。

把午饭吃饱是非常重要的。午餐可以吃一些肉类、蔬菜和适量的主食，油炸食物尽量少吃一些。

3. 晚餐要吃少。

晚餐后没有过多的时间运动，所以，晚餐不要吃太多，七八分饱就可以了。晚上 9 点以后，尽量不要再吃东西了。

安全小提示

早餐应该吃有营养、高蛋白的食物，例如牛奶、鸡蛋等；午餐是补充能量的一餐，除了要补充上午学习的消耗，还要为下午的学习储备能量，要吃肉、蔬菜、主食；晚饭后机体的能量消耗并不大，所以，晚餐不可暴饮暴食，讲究量少质高。

饮食安全指数自测

1. 你平时是按时、按量吃一日三餐吗？

2. 你是否知道一日三餐对人体的重要性？

吃饭太着急被食物烫伤了嘴，
该怎么办呢？

情景小剧场

周末，小菲和爸爸妈妈一起去爬山。他们整整爬了一天，下山的时候，小菲特别饿。

爸爸妈妈带小菲去附近的面馆吃饭，老板把刚煮好的面条端上桌，小菲迫不及待地准备开吃："饿死我了！"说完她就挑起一大堆面条，妈妈赶紧叮嘱说："小心，很烫的！"

"我才不怕烫呢，我饿死了！"小菲吞了一大口面条，可面条实在太烫，刚放到嘴里，小菲就烫得把面条吐了出来。

"哎呀，好烫好烫！"小菲被烫得呲牙咧嘴。

三思而后行

当你着急吃饭的时候，要想一想：

1. 吃饭太快，有什么危害？

2. 如果吃饭时嘴巴被烫伤了，应该怎么办？

这样做，不安全！

1. 认为食物要趁热吃才香。

吃饭的时候，很多人习惯说"趁热吃"，但趁热吃不是趁烫吃。正常人体口腔和食管的温度是 37℃左右，其耐热温度为 50～60℃。温度过高的食物可能会烫伤口腔和食管。

2. 认为自己不怕烫。

有小朋友可能认为，经常吃烫的东西慢慢就会变得不怕烫了。这种想法是不对的，长期吃烫嘴的食物，口腔和食道很容易"生病"。

3. 因为肚子太饿着急吃。

很多人像小菲一样，急着吃东西是因为太饿了，可是心急吃不了热豆腐，饭要慢慢吃，要是烫伤就更麻烦了。

 这样做，才正确！

1. 等不烫再吃。

如果食物太烫，那就等不烫了再吃。不管吃饭还是喝水，都不要过烫。如果时间有限，实在着急吃饭，就想办法让食物尽快冷却。

2. 被烫伤了及时处理。

如果吃饭时被烫伤了，要及时进行处理。医生建议，如果儿童嘴巴烫伤症状轻，可使用凉水冲洗，用冰块冷敷一会儿，降低损伤程度。另外，局部涂抹清凉膏或者烫伤膏，可以起到缓解疼痛的效果。如果烫伤严重，要立即到正规医院就医。

安全小提示

　　吃饭时过于着急，除了烫伤外，还可能会因为着急而打破碗筷割伤手指，造成其他伤害。另外，如果长期吃烫的东西，可能会引发舌根、食道及肠胃等方面的疾病。东西再好吃，嘴巴要是被烫到，吃起来也不舒服。医生经常告诫我们说："食道、肠胃疾病频发，跟吃太烫的东西有关系。"

饮食安全指数自测

　　1. 你喜欢吃烫的食物吗？

　　2. 如果吃饭时嘴巴被烫伤，你是否懂得如何紧急处理？

反正乳牙早晚要脱落，不刷牙也没事吧？

 **情景小剧场**

　　跳跳经常偷偷买糖吃。一天，跳跳像往常一样偷偷买了很多糖，回到家躲在自己的小房间里开心地吃起来。当吃到一颗橡皮糖的时候，他觉得糖好像粘住了牙齿，于是想使劲儿把糖扯出来。结果，糖是扯下来了，跳跳感觉牙齿猛地一疼。

　　刚开始，跳跳没有当回事儿，可接下来牙一直疼，用舌头一碰，牙就疼痛难忍，尤其是吃饭的时候，更是疼得厉害。晚上睡觉的时候，牙齿疼得跳跳无法入睡。

？？？ 三思而后行

　　认真想一想：

　　1.经常吃糖对牙齿有什么坏处？

　　2.怎样保护牙齿健康？

这样做，不安全！

1. 偏爱吃甜食。

很多小朋友都喜欢吃甜食，越甜越喜欢。但是，经常吃甜食可不是好习惯。研究证明，经常吃甜食容易造成龋齿。

2. 不认真刷牙。

除了爱吃甜食外，不认真刷牙也是造成牙疼的重要原因之一。很多小朋友不爱刷牙或敷衍了事，会导致口腔不够洁净，这会滋生细菌，继而形成蛀牙，导致牙疼。

这样做，才正确！

1. 少吃甜食。

平时少吃甜食，睡前不吃零食，多补充些钙含量高的食物，尽可能摄入燕麦、玉米等高纤维粗粮，促进牙齿健康。

2. 正确刷牙。

正确刷牙对保护牙齿健康很重要，平常要采用正确的方法刷牙。这里给大家介绍巴氏刷牙法：选择软毛牙刷，将牙刷与牙长轴呈45°角指向根尖方向，并尽可能伸入牙齿间隙内，用轻柔的压力，使刷毛在原位做前后方向短距离的水平摩擦。每天至少刷牙两遍，每次刷牙时间大约三分钟，三个月换一次牙刷。

3. 牙疼及时看牙医。

如果有了蛀牙，要及时告诉爸爸妈妈，到口腔门诊找医生就诊。

安全小提示

6—12 岁是小朋友的换牙期，这个时间段，乳牙会相继脱落，恒牙生长出来。有的家长误以为乳牙迟早是要脱落的，所以乳牙患了龋齿不需要治疗，其实这是错误的。事实上，龋齿会影响小朋友的咀嚼功能和牙齿替换，还可能影响牙齿美观。所以，我们一定不要掉以轻心，要好好保护自己的牙齿。

饮食安全指数自测

1. 你喜欢吃甜食吗？

2. 你是否养成了良好的刷牙习惯？

路边摊那么好吃，为什么妈妈不让我吃？

情景小剧场

放学后，大力在经过学校门口的路边摊时，闻到炸鸡柳香喷喷的味道，实在忍不住买了一份，大口大口地吃起来。

大力回到家，觉得肚子有点疼，他刚开始没有在意，后来越来越疼，像刀绞一般，疼得他直冒冷汗。他捂着肚子在沙发上打滚，嘴里嚷着："妈妈，快来啊，我肚子疼！"

妈妈听到声音赶紧跑过来，看见大力一直捂着肚子，便问："你是不是吃了什么不干净的东西？"

"吃了路边摊的炸鸡柳。"大力老实交代。

三思而后行

面对路边的食物，要想一想：

1.路边摊的食物闻着香，但是这些食物干净卫生吗？

2.如果吃完路边摊的食物后感觉身体不舒服，应该怎么办？

这样做，不安全！

1. 管不住嘴。

很多小朋友喜欢吃路边的小吃，这些小吃闻着很香，看起来也很好吃。但是，吃东西最重要的是食品安全，不能为了过"嘴瘾"，而给身体带来伤害。

2. 经不住劝。

小朋友上下学经常结伴而行，很多小朋友买路边小吃是因为"别人买了，劝我一起买"。

 这样做，才正确！

1. 干净卫生的食物最重要。

外出遇到路边小摊小贩卖的食品，尽量不要购买，要看看那些商贩有没有卫生许可证，有没有健康证，食物有没有变质或异常味道，对于可疑的食品，坚决不买、不吃。

2. 养成良好的饮食习惯。

为了健康，每顿饭都要按时吃，最好不吃路边摊。也许食堂或家里的饭菜不是很美味，但相比路边摊上的食物，还是更加卫生、干净的。

 **安全小提示**

路边的小吃往往缺乏监管，少数不良商贩为了经济利益，出售的食品达不到卫生标准，从业人员的身体健康也存在隐患。

我们正值身体生长发育期，为了自身的健康成长，要自觉抵制不卫生的食物，面对路边摊，要坚决说"不"。

饮食安全指数自测

1. 你有吃路边摊的习惯吗？
2. 你是否有食品卫生安全的意识？

我可以不吃饭不喝水、
只吃零食喝饮料吗？

萱萱特别喜欢吃零食，尤其喜欢吃膨化食品、喝酸酸甜甜的风味饮料，但营养丰富的纯牛奶，她一点也不喜欢喝。每次放学回家，萱萱都要翻找零食吃。一会儿的功夫，她就吃完一大包薯片，还喝了一瓶碳酸饮料。等到妈妈把饭做好，萱萱已经不饿了。她勉强被妈妈叫上餐桌，也只是吃了两三口。

时间久了，萱萱比同龄的孩子矮一些、瘦一些，而且睡眠也不好，还容易感冒。妈妈带她去医院检查。医生诊断，萱萱是营养不良导致的发育迟缓。

从此以后，妈妈要求萱萱改掉经常吃零食的坏毛病，要好好吃饭。

想一下：

1. 你喜欢吃零食吗？

2. 你知道吃零食会影响身体健康和生长发育吗？

这样做，不安全！

1. 不喜欢吃正餐，喜欢吃零食。

很多小朋友像萱萱一样，对正餐没有兴趣，却喜欢吃各种各样的零食。零食之所以吃着美味，是因为里面含有很多香精、增味剂等添加剂，但是营养价值很低。

2. 乱吃"营养品"。

有些父母担心孩子营养不良，会给孩子吃各种各样的"营养品"，而事实上，很多所谓的"营养品"都添加了大量的食品添加剂，非但起不到帮助儿童生长发育的作用，甚至还会有很多副作用，因此父母给孩子买营养品时，要谨慎选择。

这样做，才正确！

1. 多吃正餐，少吃零食。

最有营养的食物来自一日三餐，零食再美味，也不能替代正餐。我们要多吃正餐，少吃零食，这样才能保证身体正常生长发育。

2. 不挑食、不偏食。

有的食物并不美味，但是含有丰富的营养，所以，我们不能挑肥拣瘦，更不能偏食，以免引起营养失衡，导致发育不良。此外，有的小朋友爱吃甜食，吃太多甜食，会导致身体过于肥胖，不够健康。

3. 选择营养安全的零食。

如果要吃零食，也需要以健康、安全、环保为原则，尽量选择有机食品、绿色食品、无公害食品，远离那些含有太多添加剂的食品。

　　我们正处于生长发育的关键时期，如果营养不良，很容易造成身高、体重甚至是大脑发育的滞后，还会造成免疫力低下、食欲下降、睡眠不良、情绪不稳等症状。因此，我们应该尽量远离食品添加剂，少吃零食和"营养品"，让自己吃得更加健康、营养，保证身体的正常发育和成长。

 饮食安全指数自测

1. 你平时挑食、偏食吗？

2. 你是否知道什么食物更有营养？

今天吃撑了，肚子好难受，怎么办?

情景小剧场

这个周末，爷爷奶奶来看西西，趁着爷爷奶奶在，西西要求去吃汉堡和炸鸡。在店里，西西点了特别多吃的，也吃了特别多。

结果，西西吃了太多油炸食品，开始便秘，已经三天没有大便了。西西感觉肚子发胀，很难受。为了让西西好受一些，爸爸买来了通便的药物，谁知道，西西吃完并没有效果。为了提高药效，西西又吃了两倍的药量。

结果，西西确实通便了，却止不住了。半天的时间，他已经去了五六次厕所。看着西西虚脱的样子，妈妈赶紧带他去了医院。

??? 三思而后行

请想一想:

1. 你的饭量有多大?

2. 吃得过多有什么坏处，应该怎么办?

这样做，不安全！

1. 喜欢吃就多吃。

很多人经常说："喜欢吃就多吃点。"但是，进食过量可能会造成便秘、腹胀、腹泻等症状。长期过量进食会引起肥胖，进而影响健康。

2. 认为长身体时期需要多吃。

很多人认为，小朋友正在长身体，多吃才能保证身体的正常生长发育。事实上，摄入的食物适量即可，过多也不利于成长。

3. 身体不适，处理不当。

有些小朋友吃撑了表现出便秘、腹胀、腹泻等不适症状，可能会因为缺乏相关知识而处理不当，导致情况越来越严重。

 这样做，才正确！

1. 吃饱即可，不可贪嘴。

我们的进食要适量，满足身体正常的生长发育即可，千万不要因为贪嘴吃撑。

2. 吃撑后及时正确处理。

如果吃撑后出现轻微便秘或者腹泻，可以采用食疗的方法来缓解，例如便秘可以多吃蔬菜、水果；腹泻的时候可以补充益生菌，同时补充水分来防止脱水。如果是比较严重的腹泻，要去医院及时查明病因，进行针对性治疗。

安全小提示

面对食物的诱惑，小朋友普遍意志力较差，往往会吃多。饮食不当加上运动不足，便秘和腹泻等症状会时常出现。所以，一定要注意，不要贪嘴多吃、乱吃东西，要记得补充水分多吃蔬菜水果，适当运动，保持大便通畅。身体不适的时候及时就医，用药要严格遵医嘱。

饮食安全指数自测

1. 你是否经常过量进食？

2. 怎样避免便秘和腹泻？

冰箱不是保鲜的吗，
为什么放在冰箱里的食物也会变质？

 情景小剧场

　　萱萱非常喜欢家里的大冰箱，不仅可以存放很多食物，还可以制作冰棍等零食。在萱萱心里，冰箱就像是百宝箱，所有的食物都可以放进去保持新鲜。

　　这天，萱萱和妈妈去超市采购，买了一堆东西回来。妈妈拎着大包小包回到家，已经累坏了。萱萱让妈妈歇一歇，自己帮妈妈把东西放进了冰箱。

　　妈妈休息好了来检查冰箱，发现萱萱把所有的食物都塞在一起，冷冻、冷藏食物都混着放，也没有裹保鲜袋。

　　"萱萱，冰箱里的食物不能乱放哦，不然也是会坏的。"

　　"啊？不是放进去就可以了吗？那要怎么做？"

　　妈妈把食物分好类，套好保鲜膜，分别存放好，花了半个小时才教会萱萱。

　　妈妈告诉萱萱："虽然正确存放了，但是也不能存放太久，冰箱不是万能的，食物放得时间太久，也是会变质的。"

三思而后行

使用冰箱的时候，要想一想：

1. 食物放进冰箱后就不会变质了吗？

2. 你知道怎样正确使用冰箱吗？

这样做，不安全！

1. 没有食品分类的概念。

有很多小朋友认为，食物只要放进冰箱就可以了。可是，有的食物必须冷冻保存，例如暂时不吃的肉类；有的食物适合冷藏保存，例如蔬菜、水果。

2. 觉得食物在冰箱里放多久都不会坏。

很多小朋友有一个误区，认为冰箱里的东西是不会坏的。但其实，冷藏的食物最多也就能保存几天，长时间不吃也会坏掉。食物本身有保质期，无论采用什么样的储存方式，时间太长都可能出现质量问题。

3. 不封保鲜膜。

很多人储存食物时没有封保鲜膜的习惯，甚至有人认为，一会儿就吃的食品，可以直接丢进冰箱里，不需要封保鲜膜。但其实，冰箱里可能有残留的细菌、异味，不封保鲜膜，可能会导致食物被污染。

这样做，才正确！

1. 不存放容易腐败的食物。

如果食物保质期极短，容易腐败变质，就要尽快吃完，不要再次存放，例如加工过的食物，尤其是做熟的蔬菜，尽量一次吃完。

2. 正确使用冰箱。

使用冰箱也是有学问的，冰箱一般分冷藏区与冷冻区，冷藏区不会结冰，用于短时间保鲜，可以放水果、蔬菜、牛奶、熟食等；冷冻区温度较低，会结冰，短时间不吃的肉类、冷冻品都可以存放在这里。

3. 用保鲜膜或者封闭的容器保存食物。

为了防止食物之间互相污染，每一种食物都应该用保鲜膜或封闭容器封存好，这样做除了可以保鲜，还能起到隔离气味和细菌的作用。

 安全小提示

冰箱是保存食物的好工具，但是冰箱并不是万能的。如果存放方法不正确，把本来干净安全的食物随便塞在一起，可能也会让食物变得不干净、不卫生。

1. 你知道如何将食物分类存放在冰箱里吗？

2. 长时间存放在冰箱里的食物，应该怎样处理？

第二章

突发意外，要懂得这些急救措施

不小心被热水烫伤了，我该怎么办?

 情景小剧场

"妈妈，水开了!"丁丁喊了半天也没人答应，于是心想："一壶水而已，我帮妈妈提下来吧!"

丁丁走到厨房关了火，然后踮着脚、双手抓住壶把，用力把水壶提了下来。

"其实也没有想象中的那么沉，干脆再帮妈妈一下，把水倒进保温瓶里吧。"

丁丁提着水壶往客厅走去，不过，他感觉水壶越来越重，想换一下手，结果一不小心，水壶晃了一下，里面的开水洒了出来，溅到了脚上。

"哇!"丁丁只感觉脚面传来一阵剧痛，他一下扔掉水壶，水壶"咣当"掉在了地上，里面的水全洒了出来，有一些溅到了丁丁脚上，丁丁疼得连连后退。

这时，妈妈回来了，赶紧把丁丁带到浴室。丁丁脚面被烫得红了一大片，冲了好久凉水，又涂了烫伤膏才感觉好一些。

三思而后行

请思考一下：

1. 怎样避免烫伤、烧伤？

2. 烫伤、烧伤以后应该怎么办？

 这样做，不安全！

1. 立刻冰敷。

被烫伤后要立即为烫伤处降温，但不能冰敷太长时间。根据科学研究，高温会伤害皮肤，低温也会对皮肤造成伤害。

2. 用蛋清、香油、酱油、牙膏涂抹。

很多"偏方"认为，烫伤后用蛋清、香油、酱油、牙膏等涂抹，可以很快缓解痛苦。这些偏方不要相信。这些物品本身含有独特的成分，胡乱涂抹，不仅不能减轻伤势，反而可能造成创面感染，也会给医生的诊治带来困难。

✓ **这样做，才正确！**

1. 凉水降温，及时处理。

皮肤被烫伤后，不要惊慌，也不要急于脱掉贴身的衣物，以免造成皮肤破损。应立即以缓和、流动的冷水冲 15～30 分钟，或者冲到不痛为止，这样可以避免形成水泡；冲洗后把衣服脱下来，如果脱不下来不要强行脱，可用剪刀剪开衣物；对受伤皮肤进行冷却处理后，要把创面擦干，然后根据烫伤程度，涂抹专用于烫伤、烧伤的药膏，并用干净的纱布包扎好。记住，伤口不要碰水。

2. 及时就医。

如果受伤严重或者面积较大，需要立即就医。

安全小提示

刚烧开的水、刚做好的汤、加热的电熨斗、暖手的暖水袋，以及汽车排气管等，都可能造成烫伤，要小心提防，避免受伤。另外，还要注意远离干燥剂、洁厕灵等化学制品，避免化学烧伤。一旦被烫伤、烧伤，一定要及时处理，必要时就医。

急救安全指数自测

1. 你平时是否有防止被烧伤、烫伤的意识？
2. 你是否掌握正确处理烧伤、烫伤的知识？
3. 家里是否常备烫伤、烧伤的药物？

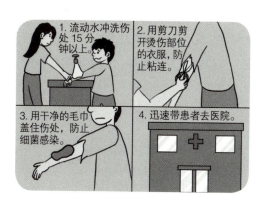

摔倒后鼻子不停出血，我该怎么办?

情景小剧场

　　琳琳和萱萱是邻居，放学后，琳琳经常到萱萱家里玩。这天，两个人一起玩巴啦啦小魔仙的游戏，你追我赶，玩得不亦乐乎。

　　这时，萱萱家的大狗跑了进来。琳琳吓了一跳，她一直都害怕这只大狗。平时它都是被关在笼子里，今天不知道怎么跑出来了。

　　琳琳吓得乱跑起来，一不留神摔倒了，刚好磕到鼻子。"啊！我的鼻子！"琳琳捂着鼻子大喊，血从她的指缝间不断地滴下来。

　　萱萱立刻跑过来："你流鼻血了！别害怕，我有办法！"

　　萱萱跑去找妈妈拿卫生棉球，给琳琳堵住鼻子。

三思而后行

　　想一想：

　　1.如果鼻子流血了，应该怎样处理？

2.如果身体被擦伤或者割伤，又应该怎样处理?

 这样做，不安全！

1.流鼻血时头后仰、塞棉球。

很多人流鼻血时都把头往后仰，让鼻孔朝上，认为这样可以防止鼻子流血，其实这种做法是错误的。这么做使血液容易形成血块，头向后仰时，血块有可能被吸入气管，造成呼吸困难。此外，塞棉球、左侧鼻孔流血举高右手、右侧鼻孔流血举高左手等，也不是正确的处理方法。

2.伤口残留异物。

擦伤或割伤后，很多人只用水冲洗处理，事实上这并不能将伤口完全清洗干净，可能会残留异物，如果此时进行包扎止血，伤口中可能滋生细菌，有引发破伤风或者继发感染的风险。

 这样做，才正确！

1.正确止血。

当鼻子出血时，不要紧张，可尝试全身放松，头部微微前倾，然后用两个手指捏紧鼻翼，保持10分钟。用这种方法，一般性的鼻子流血都会止住。

2.仔细清理伤口并包扎。

如果皮肤被擦伤或者被利器割破，要用清水将伤口清理干净，并且用消毒水将伤口仔细清理、消毒；轻微擦伤可涂上药膏后贴上创可贴；被利器割破需要纱布包扎止血。如果伤情严重，马上去附近的医院处理。

　　流鼻血虽然常见，但是也不能掉以轻心，尤其在止血的时候要注意方法。

　　小朋友喜欢跑来跑去，难免磕碰到，一旦擦伤、割伤出血，要尽快处理，而且处理要彻底。如果局部仍红肿，且越来越严重，并有疼痛、灼热等症状，说明伤口已被感染，应该去医院处理。

急救安全指数自测

　　1. 你是否懂得如何正确止血？

　　2. 家里有没有常备清理、消毒伤口用的工具和止血的药物？

运动时扭伤了脚踝，我该怎么办？

情景小剧场

周五下午，学校操场上正在进行足球友谊赛。小宝一直喜欢踢足球，也是校队的主力，所以，在球场上他格外卖力。

"一定要让别人看看我有多厉害！"

小宝一路带球突破，当他越来越靠近对方球门的时候，忽然被对手断了球，并且，对手还不小心踢到了他的小腿。

小宝随即倒地，小腿疼痛难忍。

小宝以为是小伤，习惯性地用手揉捏受伤部位，结果手一抬也疼得不得了。

"不要动了，等校医诊断后再说吧！"队友赶紧让小宝不要碰受伤部位。

三思而后行

思考一下：

1.如果发生骨折、脱臼等意外伤害时，应该怎么办？

2.怎样做才能避免伤势变得更严重？

这样做，不安全！

1. 按揉受伤部位。

很多人在受伤以后，会下意识地按揉受伤部位，但这样很危险，如果是骨折，按揉患处可能会让伤势更加严重。

2. 骨折后随意移动。

发生骨折时，很多人没有经验，采取了错误的急救措施后，还随意走动，这很可能使骨折部位伤情加重，造成二次伤害。

3. 崴脚后不当回事儿。

在学校里跟同学追跑难免会崴脚，很多小朋友不把轻微的崴脚当回事，感觉稍微好一些后又马上跟同学玩耍起来。要知道，崴脚也可能造成严重的后果，如果处理不当导致关节错位，可能会发展成习惯性崴脚，到时候就麻烦了。

 这样做，才正确！

1. 受伤后停止运动。

受伤以后首先要停止运动，让受伤部位休息，以免造成二次伤害。另外，在不能确定伤情如何的情况下，不要随意移动、活动患处，揉搓受伤处等。

2. 恰当处理，等待救援。

如果是扭伤，除了停止运动外，还应尽快用冷水、冰块或冷毛巾外敷，随后最好去医院就诊，看看是否有骨折；如果伤口有出血，应该先进行清洗、止血；如果骨折端外露，应尽量保持现状，并尽快拨打急救电话，等待就医。

安全小提示

　　要应对意外发生，最好的方法是预防，比如走路时不要看手机，雨雪天行路要集中注意力，运动前要做好热身，运动时一定要穿着适合的功能运动鞋，进行危险运动时要戴好护具，等等。

急救安全指数自测

　　你知道受伤后可以采取哪些正确的救助措施吗？

中暑后，是不是喝点水就没事了?

这天，最高气温达到了 37℃。下午两点多，丁丁和柯北去玩小区里的健身器材。这里是没有阴凉的地方，太阳直接暴晒，两个人才玩了一会儿就出了一身汗，他们都有些热得受不了了。

"太热了，我们回家玩吧!"丁丁提议。

"好啊，快回家吧。"刚说完，柯北就感到一阵头晕，身体摇摇晃晃的。丁丁吓了一跳，赶紧将柯北扶到树荫下休息。

炎炎夏日很容易中暑，认真思考一下：

1. 如何避免中暑?

2. 中暑的症状是什么?

3. 中暑之后应该怎么办?

 这样做，不安全！

1. 中暑后冷处理。

有些小朋友可能会认为，中暑是因为身体太热了，赶紧加点"冷"就好了。事实上，中暑后散热不当可能会带来危险！有些人中暑后会选择冲凉或吃冷饮降温，这样做会使全身毛孔很快闭合，导致血管收缩，这样热量反而会滞留体内无法散发出去。

2. 用退烧药或酒精降温。

有些人为了散热，可能会服用退烧药或者用酒精擦拭身体，但这样可能会加重身体负担，并不是好办法。

3. 夏季剧烈运动。

在夏天炎热的时间段剧烈运动，容易过度消耗体力，更容易中暑。

 这样做，才正确！

1. 夏季预防中暑。

夏季温度较高的午间前后，要尽量减少在烈日下活动的时间，外出时准备好遮阳伞、遮阳帽、太阳镜等装备，减小被紫外线照射的面积。

2. 离开高温环境。

如果是轻中度中暑，会有头晕、乏力或者呼吸急促等症状，首先要做的是尽快离开高温环境，在阴凉通风的地方，解开衣服平卧休息，把头和肩部抬高。同时注意及时补水，以饮用淡盐水为最佳，或者饮用茶水、绿豆汤。

3. 重度中暑及时就医。

如果发生重度中暑，人可能会出现意识模糊、休克等症状，可以用温水敷额头、腋窝等部位，同时向身边人求助，立即去医院治疗。

安全小提示

轻微中暑会有头晕、乏力、皮肤发红干燥的症状。中度中暑还可能会出现呼吸急促、呕吐等症状。中暑的最严重阶段会出现昏睡、休克现象。因此，如果酷暑天气，身体突然感到不适，要提防是不是中暑了，不舒服就要及时就医，千万不能咬牙坚持。

急救安全指数自测

怎样判断自己是不是中暑了？

晕车了，怎么才能缓解不舒服的感觉？

 **情景小剧场**

周末，爸爸开车载着小宝和妈妈去郊区采摘瓜果。在路上，小宝闲得无聊拿着妈妈的手机玩起了游戏。可没过多久，小宝觉得不舒服，开始恶心反胃，脸色也有些苍白。

"小宝，你怎么了？"妈妈着急地问。

"我头晕，还想吐！"小宝说。

"你是晕车了吧！"

"我又不是第一次坐车，怎么会突然晕车呢？"小宝有些疑惑。

"在车上一直看手机就容易晕车，先喝点儿水！"妈妈拿了一瓶水递给小宝。

"我不知道坐车看手机会晕车。"小宝小声辩解着，接过水喝起来。

??? 三思而后行

当我们乘坐交通工具时，想一想：

1. 做什么事情容易晕车、晕船、晕机？
2. 晕车、晕船、晕机怎么办？

 这样做，不安全！

1. 在颠簸中阅读、玩手机。

在晃动的交通工具上阅读、玩手机，字体和屏幕会随着颠簸跳动不定，会让人感到晕眩，容易造成晕车、晕船的现象。

2. 趴在船栏杆上玩耍。

有的小朋友坐船的时候喜欢在栏杆边玩耍，如果这个时候晕船，可能会因头晕而掉下去。绝对不要把身子探出栏杆，更不要攀爬栏杆。尤其是容易晕船的人，更不能站在栏杆边，以免发生危险。

 这样做，才正确！

1. 做好准备，防止晕车、晕船、晕机。

乘车、乘船、乘飞机前不要空腹或吃得太饱，容易头晕的小朋友，可以在大人的指导下提前服用预防的药物。

2. 采取相应措施缓解不适。

晕车、晕船、晕机时，可以放松精神、深呼吸、闭目养神。晕车时可以打开车窗，保持空气流通，缓解身体不适。当车船行驶时，眼睛尽量往远处看，不要看近处，以免增加晃动感。

安全小提示

　　晕动病是晕车、晕船、晕机等的总称，有些人天生就有，一坐车、坐船、坐飞机就发作，有些人是在一定的条件下才会发作。因此，根据不同原因和发作时的严重程度，我们可以做不同的准备，例如出发前保障充足睡眠、事先服用药物、转移注意力、远离刺激性气味等。无论什么措施，都要以缓解身体不适，保证人身安全为原则。

急救安全指数自测

1. 你是否容易晕车、晕船、晕机？
2. 你知道怎样预防和缓解晕车、晕船、晕机吗？

被食物噎住、呼吸困难，
我可以把食物咳出来吗？

 **情景小剧场**

大年三十这天，爸爸妈妈给丁丁买了零食大礼包。礼包里面有各种各样的零食，包括他最喜欢的果冻、糖果。丁丁终于可以大快朵颐啦！

"这么多好吃的，我先吃什么呢？"丁丁拿着小玩具，看着面前一堆零食思考。不知不觉，丁丁竟把玩具上的小零件咬掉了，并且顺着口水咽了下去。

"咳！咳！"小零件卡到了丁丁的喉咙，他忍不住咳了起来。好在卡得不深，丁丁咳了几下，眼泪都出来了，终于把小零件吐了出来。

 **三思而后行**

认真想一想：

1. 如何避免异物卡到气管？

2. 如果有异物卡到气管，应该怎么办？

这样做，不安全！

1.喜欢把东西往嘴里塞。

有很多小朋友总喜欢把东西往嘴里放，不管是能吃的还是不能吃的，似乎嘴里没有东西就没有安全感。这种行为是很危险的，很容易把一些异物吞下去，卡住气管，造成窒息。

2.气管被异物卡住时，强行咽下去。

一些小朋友没有急救常识，在气管被异物卡住的时候，一时慌了神，会急于把东西咽下去。但是，这样可能会划伤气管，带来更大的伤害。

这样做，才正确！

1.养成良好的行为习惯。

不要总是把东西往嘴里塞，尤其是小玩具、小零件；吃东西的时候要注意，不要边吃边玩，以免发生意外。养成良好的习惯，可以避免很多悲剧。

2.异物卡住气管时的正确救助。

我们应该学会正确急救，被异物卡住气管的时候，要保持镇静，不要哭闹，以免情况加重。另外，我们有必要学会海姆立克急救法。

安全小提示

　　坚果、果冻、纽扣、玻璃珠、玩具的小零件，都是容易卡在气管的东西。因此，我们接触这些东西时要注意不要误食，吃东西时不要相互追逐、打闹，以免将口中的食物误吸入气管内。一旦不小心将异物吸入气管或食道，必须尽快用正确的急救方式处理。异物进入气管后的黄金抢救时间是 4 分钟，时间很紧张，有时来不及去医院。因此，我们要学会一些急救方法。

急救安全指数自测

　　和家长一起演练海姆立克急救法，检查是否已经熟练掌握？

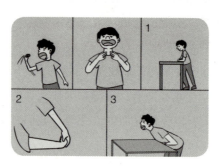

独自一人时的急救方法：

第一步，弓字步站在桌子或者椅子边；

第二步，一只手握拳，虎口朝向胸部，放在肚脐上方两指的位置，另一只手覆盖在握拳头的手上；

第三步，保持上步姿势，将手放在桌椅边缘，用力挤压腹部，直至异物被吐出。

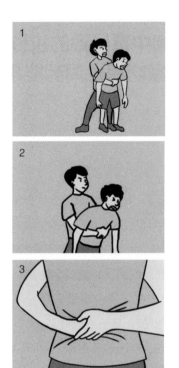

有大人在身边时的急救方法：

第一步，患者双脚分开站立，救护者弓字步站在患者身后，一只脚放在患者双腿之间；

第二步，患者上身微微前倾，救护者从患者背后环住腰腹；

第三步，救护者一只手握拳，虎口朝向胸部，放在患者肚脐上方两指的位置，另一只手覆盖在握拳头的手上；

第四步，救护者双手急速用力向内挤压，反复实施此动作，直至阻塞物被吐出。

食物中毒导致的拉肚子，
自己在家吃点止泻药能痊愈吗？

 情景小剧场

这天，学校食堂上了新菜，有丁丁喜欢吃的糖醋里脊。

"好不容易有我爱吃的，一定要多吃点！"丁丁想。

于是，丁丁中午吃了两份糖醋里脊。下午上课的时候，丁丁隐隐觉得肚子不舒服，还有点想吐。

"好难受，想吐，肚子也不舒服。"丁丁对同桌说。

没想到，丁丁的同桌也觉得不舒服。

"你也不舒服？是不是我们中午吃的东西有问题？要不我们问问其他人？"丁丁提议。

不问不知道，一问吓一跳，他们前后桌也都有不同程度的不适，有的肚子疼，有的想吐，有的头晕。

"我们不会是食物中毒了吧！"丁丁猜测。

丁丁和几位同学把身体不舒服的情况告诉了老师。老师又问了其他同学，又有好多同学表示身体不舒服。老师很重视，赶紧联系了校医给大家诊治。

 三思而后行

想一想：

1. 哪些食物会引起食物中毒？

2. 发生食物中毒应该怎么办？

 这样做，不安全！

1. 拖延病情。

有时候，食物中毒的症状并不是很强烈，让人感觉不是很严重，有的小朋友会认为，忍一忍就过去了。这样的想法，有可能会延误病情。

2. 擅自吃药。

食物中毒的时候，有的小朋友会误认为自己是肠胃炎，可能会按照之前的经验，服用治疗肠胃炎的药物。擅自吃药不仅有可能延误病情，还有可能掩盖病情。

 这样做，才正确！

1. 正确的应对措施。

一旦出现上吐下泻、腹痛等食物中毒症状，应及时告诉爸爸妈妈，让他们采取应对措施。如果在食物吃下去的两个小时以内，可采取手抠喉咙的催吐的方法；如果吃下有毒食物的时间超过两个小时，且精神较好，可服用泻药，促使有毒食物排出体外；如果是误食了变质的食物、饮料或防腐剂，最好用鲜

牛奶或其他含蛋白质的饮料，催吐解毒。

2. 及时告诉老师或父母。

当出现腹痛、呕吐、腹泻等症状时，小朋友一定要及时告诉老师和父母，及时就医。

食用发芽的土豆、腐败的蔬菜、未煮熟的豆角等，都有可能导致食物中毒，食物中毒会伴有头痛、发热、恶心、呕吐、腹痛等症状，严重的时候还会导致肌肉麻痹、抽搐、昏迷、心肺功能紊乱，甚至可能死亡。一旦发生食物中毒，要将食物样本送去医院，方便医生检测确定有毒性质，这样能更快更好地进行治疗。

急救安全指数自测

1. 你知道哪些食物会引起食物中毒吗？

2. 你知道发生食物中毒应该怎么办吗？

家里放着落灰的急救箱，真的能派上用场吗？

情景小剧场

周末，小宝和大力在家里玩游戏，两个人有点玩腻了，于是就到阳台上玩起了小宝爸爸的健身器材。

"大人的健身器材也就这样嘛！"小宝觉得自己跟大人没什么区别。

但是大力就不一样了，玩了一会儿哑铃，就感觉胳膊没有力气了，可是又不甘心输给小宝，于是强撑着玩哑铃。结果一不小心，哑铃掉在了地上，砸到了自己的脚。

"啊！好疼啊！"大力被砸得哇哇大叫。低头一看，脚指头已经红肿，而且还出血了。

"你等一下，我家里有急救箱！"

小宝慌忙去找急救箱，可是他并不知道家里的急救箱在哪里。好不容易找到了急救箱，小宝又不知道怎么使用里面的物品。

三思而后行

认真想一想：

1. 你知道急救箱的重要作用吗？

2. 急救箱里应该准备哪些急救药品和物品？

 这样做，不安全！

1. 认为自己用不到急救箱。

有很多小朋友认为，自己很注意安全，根本用不到急救箱，完全不需要准备。

2. 不关心急救箱怎么用。

有的小朋友虽然认可急救箱的重要作用，但是却不关心急救箱怎么使用，总觉得即便是发生意外，也会有爸爸妈妈帮自己处理。但小朋友总会长大，需要学习正确使用急救箱。

 这样做，才正确！

1. 正确准备急救箱的小窍门。

急救箱应尽量选择小巧、使用方便、用途多样的容器，或购买专用的急救箱。急救箱里面可以常备使用频率较高的物品，例如感冒药、烧烫伤药物、消毒水、棉签、纱布等。另外，要把治疗用品和药物分开放置。

2. 正确使用急救箱。

我们要了解急救箱内每件物品的正确使用方法，尤其是药物。在使用急救箱的时候，应该注意保护用品和药品的卫生，用完以后放回原来的位置。另外，应该定期检查急救箱，及时更换过期药品。

安全小提示

　　急救箱在关键时刻能发挥重要作用。在发生意外的时候，急救箱就是百宝箱，可以帮助我们及时处理意外伤害。我们一定要掌握一些急救常识，知道如何采取急救措施，让自己的安全和健康多一份保障。

急救安全指数自测

　　1. 你家里有急救箱吗？

　　2. 你知道家里的急救箱在什么地方、怎么使用吗？